Manuel Jacoby

Anreizsysteme in Unternehmen der Zukunft

Sinn, Nutzen und Ausgestaltung für die Mitarbeitermotivation

Bibliografische Information der Deutschen Nationalbibliothek:

Die Deutsche Nationalbibliothek verzeichnet diese Publikation in der Deutschen Nationalbibliografie; detaillierte bibliografische Daten sind im Internet über http://dnb.d-nb.de abrufbar.

Impressum:

Copyright © ScienceFactory 2018

Ein Imprint der Open Publishing GmbH, München

Druck und Bindung: Books on Demand GmbH, Norderstedt, Germany

Covergestaltung: Open Publishing GmbH

Inhaltsverzeichnis

Abkürzungsverzeichnis

Bzgl.	Bezüglich
Z.B.	Zum Beispiel
EBIT	Earnings before Interest and Tax
VW	Volkswagen
Vgl.	Vergleiche
d.h.	Das heißt
bzw.	Beziehungsweise
VIE	Valenz-Instrumentalitäts-Erwartungs-Theorie
m.E.	Meines Erachtens

Abbildungsverzeichnis

1 Einleitung

1.1 Relevanz des Themas

„Der deutschen Wirtschaft entstehen durch die mangelnde emotionale Bindung in den Unternehmen erhebliche Kosten: Sie verliert Produktivitätseinbußen jährlich zwischen 76 und 99 Mrd. Euro."[1] So lautet eine der alarmierenden Schlussfolgerungen in der Pressemitteilung des Gallup Engagement Index 2015. Bei der jährlich stattfindenden Umfrage gaben nur 16% an, eine enge emotionale Bindung zu ihrem Arbeitgeber zu pflegen. Eine große Mehrheit von 68% beschrieb eine sehr eingeschränkte emotionale Bindung bzgl. ihres Arbeitgebers. Dieser Teil der Befragten setzt nur die für ihn geltenden Arbeitsanweisungen um. Ein beachtlicher Anteil von weiteren 16% bezeichnete seine Beziehung zum Arbeitgeber als emotional völlig ungebunden, innerlich hat dieser Teil der Angestellten dem Unternehmen bereits gekündigt.[2]

Es ist zu vermuten, dass Unternehmen durch fehlende Motivation immense Schäden wie z.B. eine Verschlechterung der Wettbewerbsfähigkeit, sinkende Produktivität und Reputationsschäden entstehen. Wie können wir diesem Problem entgegnen? Wesentliche Funktionen von Anreizsystemen sind Leistungssteigerung und Zielausrichtung der Mitarbeiter. Mitverantwortlich hierfür ist unter anderem die Motivationsfunktion.[3]

Doch kann dieses Instrument auch bedenkliche Effekte verursachen? Man denke etwa an die Wirtschaftskrise von 2007, bei der die Ursache unter anderem an Investmentbankern lag, die sich durch Boni bereichert hatten.[4]

Um im harten Wettbewerb um die klügsten Köpfe des Arbeitsmarktes zu bestehen, gerade auch in Zeiten eines Fachkräftemangels, müssen Unternehmen sich folglich Gedanken machen. Dabei sollte das Ziel sein, nicht nur neue Mitarbeiter zu finden, sondern auch gute Mitarbeiter zu halten und diese zu einer möglichst guten Leistung zu bringen. Um sich ein paar Beispiele für die Suchbemühungen nach neuen Kandidaten anzuschauen, muss man nur auf die Karriereseite von

---

[1] GALLUP Engagement Index 2015, 2016
[2] Vgl. GALLUP Engagement Index 2015, 2016
[3] Vgl. Rödl 2006, S. 61-63
[4] Vgl. Müller 2009, Online

Unternehmen schauen. Dort überschlagen sich die Bewerbungen um potenzielle Arbeitnehmer. Angebote wie flexible Arbeitszeiten, ein betriebsinterner Kindergarten, gute Kantinen, kostenlose Fitnessstudios sowie Gewinnbeteiligungen sind wahrscheinlich nur ein Bruchteil des Angebotenen. Doch reicht das aus, um eine emotionale Bindung zu einer Organisation aufzubauen und ein hohes Maß an Motivation zu entwickeln? Welche Rolle spielen nette Kollegen, die Karriereperspektive, die Führungsqualitäten von Führungskräften, aber vor allem der Inhalt der Aufgaben und die Selbst- und Mitbestimmung im Unternehmen?

Mit Blick auf Compliance-Ethik stellt sich außerdem die Frage, ob monetäre Anreize Auslöser dafür sein können, dass Mitarbeiter die Werteebene eines Unternehmens verlassen. Wäre das der Fall, so würden Anreizsysteme in diesem Punkt in Konflikt mit möglichen Compliance-Zielen stehen.

In der vorliegenden Arbeit werden Sinn, Nutzen und Ausgestaltung von Anreizsystemen in erfolgreich operierenden Unternehmen der Zukunft untersucht. Dabei liegt der Fokus auf der Motivationssteigerung und deren Auswirkungen. Wie können Anreizsysteme gestaltet werden, um ein Optimum an emotionaler Bindung, Motivation und Loyalität seiner Mitarbeiter zu erreichen?

Folgende Fragestellungen möchte der Verfasser im Rahmen der Bachelorarbeit untersuchen:

- Was für eine Rolle spielen die verhaltenswissenschaftlichen Theorien mit Blick auf die Motivationsförderung?
- Wie stehen ex- und intrinsische Motivation zueinander?
- Was für einen Nutzen können Unternehmen aus der Motivation ihrer Mitarbeiter ziehen?
- Welche Maßnahmen sind notwendig, um insbesondere die intrinsische Motivation der Mitarbeiter zu fördern?

1.2 Aufbau der Arbeit

Die Bachelorarbeit besteht aus vier Tiefenebenen.

In Kapitel eins werden die Grundlagen erörtert. Das beinhaltet eine Erläuterung der Gestaltungsmöglichkeiten, der Anforderungen und der Grenzen von Anreizsystemen. Das Kapitel gibt einen Überblick über moderne Anreizsysteme, wie man sie in vielen Unternehmen vorfindet.

Das zweite Kapitel befasst sich mit dem Sinn von Anreizsystemen, wobei hier die Motivationsfunktion und eine eventuell damit zusammenhängende Leistungssteigerung im Vordergrund stehen. Zu einem besseren Verständnis menschlicher Verhaltensweisen werden verhaltenswissenschaftliche Theorien untersucht. Außerdem wird der Unterschied zwischen extrinsischen und intrinsischen Anreizen beleuchtet.

Im dritten Kapitel wird der Nutzen von Anreizsystemen analysiert. Dazu werden einige Studien näher betrachtet. Im Fokus steht der Nutzen aus der Motivationssteigerung, der emotionalen Bindung und der Arbeitszufriedenheit. Auch wenn die Messung des Nutzens nur schwer greifbar ist, finden sich Möglichkeiten, den Nutzen zu bewerten.

In Kapitel 5 geht es um die Ausgestaltung zukunftsorientierter, evolutionärer Anreizsysteme. Der Fokus liegt auf der Aktivierung und Förderung einer intrinsischen Motivation.

2 Grundlagen von Anreizsystemen

2.1 Begriffsdefinition Anreizsystem

Für den Begriff Anreizsystem gibt es eine Vielzahl an Definitionen. Eine erste Orientierung liefert Weber. Demnach zielen Anreizsysteme darauf ab, Mitarbeiter zum Vorteil des Unternehmens im Sinne der Zielerreichung positiv zu beeinflussen und das vor allem mittels deren Leistung. Entscheidend sind hierbei alle Faktoren der Motivation.[5] Bartscher beschreibt Anreizsysteme als die „Summe aller bewusst gestalteten Arbeitsbedingungen, um direkt oder indirekt auf die Leistungsbereitschaft der Mitarbeiter einzuwirken (Arbeitsleistung) bzw. gewünschte Verhaltensweisen zu verstärken."[6]

Folglich bezwecken Anreizsysteme eine zielgerichtete Steuerung des Verhaltens von Mitarbeitern. Doch sie fördern nicht nur gewünschtes Verhalten, sondern zielen ebenso darauf ab, unerwünschtes Verhalten zu vermeiden. Ein negativer Anreiz kann z.B. eine Bestrafung sein, die beabsichtigt, den betreffenden Mitarbeiter von bestimmten Handlungen abzuhalten. Ein geringeres Einkommen durch fehlende Leistung kann als Negativanreiz angesehen werden. Tritt keine Leistungssteigerung ein, kann das möglicherweise Folgen haben, wie z.B. in Form einer geringeren finanziellen Entlohnung oder einer Verringerung des persönlichen Ansehens.[7] In Bezug auf den Inhalt der vorliegenden Arbeit liegt der Fokus jedoch auf einer Anreizgestaltung, bei der die Förderung der Mitarbeitermotivation im Vordergrund steht.

2.2 Funktionen von Anreizsystemen

Zu den zentralen Funktionen eines Anreizsystems gehören unter anderem die Motivations-, die Koordinations- und die Selektionsfunktion. Die Motivationsfunktion hat das primäre Ziel, durch eine Erhöhung der Motivation die Leistung der Mitarbeiter positiv zu beeinflussen. Die Koordinationsfunktion hat mit Blick auf die Motivation eine Lenkungsfunktion. Sie stellt sicher, dass das Handeln der Mitarbeiter auf die Unternehmensziele ausgerichtet ist. Die dritte Funktion ist die Selektionsfunktion. Zum einen sollen nur leistungsstarke Mitarbeiter eingestellt

---

[5] Vgl. Weber 2006, S. 11
[6] Bartscher 2016, online
[7] Vgl. Winkler 2013, S. 38

werden, zum anderen sollen im Rahmen der Selbstselektionsfunktion die besten Mitarbeiter gehalten werden. Weniger geeignete Mitarbeiter sollen das Unternehmen nach Möglichkeit verlassen.[8] Innerhalb der Motivationsfunktion kann grob zwischen zwei Zielen unterschieden werden. Zum einen wird eine engagierte Aufgabenerfüllung angestrebt, zum anderen eine Bindung an das Unternehmen. Eine engagierte Aufgabenerfüllung kann sich z.B. auf die Kreativität, das Qualitätsbewusstsein oder die Sparsamkeit auswirken. Mit der Bindung an das Unternehmen soll beispielsweise unerwünschte Fluktuation vermieden werden.[9]

2.3 Gestaltungselemente moderner Anreizsysteme

2.3.1 Grundlagen der Gestaltung

Bei der Ausgestaltung eines Anreizsystems gibt es im Hinblick auf Form und Wirkung verschiedene Wahlmöglichkeiten. Folgende Aspekte sind bei einer Implementierung zu berücksichtigen:

- Bestimmung der Anreizarten: Welche Art von Anreizen sollen innerhalb des Anreizsystems verwendet werden?

- Die Bestimmung der Bemessungsgrundlage: In welcher Form bemessen wir Art und Höhe der Belohnung?

- Die Entlohnungsfunktion: Wie soll der funktionale Zusammenhang zwischen Bemessungsgrundlage und Höhe der Belohnung aussehen?

- Die Form der Belohnung: Wie soll die auszuschüttende Belohnung konkret aussehen?

- Der Adressatenkreis: Welche Mitarbeiter sollen mithilfe des Anreizsystems gesteuert und motiviert werden?[10]

---

[8] Vgl. Seng 2003, S. 8
[9] Vgl. Bea und Göbel 2010, S. 329
[10] Vgl. Dahlhaus 2009, S. 126

2.3.2 Systematisierung der Anreizarten

Anreize können durch ihr jeweiliges Anreizobjekt, materiell oder immateriell, durch ihren Anreizempfänger wie Gruppen-, Individual-, und organisationsweite Empfänger oder durch ihre Quellen, d.h. in ex- oder intrinsische Anreize unterschieden werden.[11] Auf der folgenden Abbildung ist eine schematische Unterteilung der Anreizarten zu sehen.

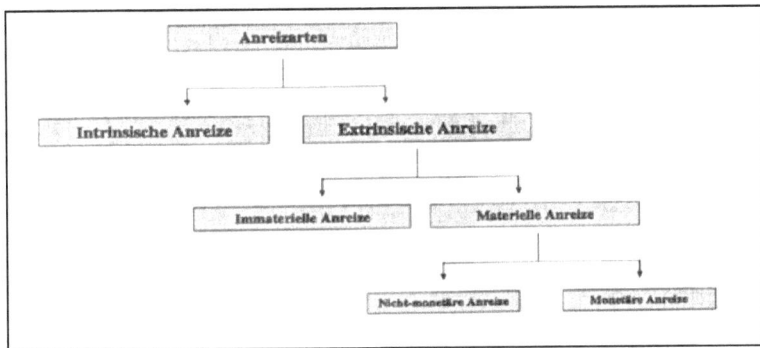

Abbildung 1: Zusammenhang der Anreizarten.[12]

Die erste Unterteilung erfolgt mithilfe der Anreizquelle, bei der zwischen intrinsischer und extrinsischer Anreizart unterschieden wird. Intrinsische Anreize sind fast ausschließlich immaterieller Natur und beziehen sich hauptsächlich auf Inhalt und Ausgestaltungsmöglichkeiten der Aufgaben.[13] Die extrinsischen Anreize werden in ihr jeweiliges Anreizobjekt unterteilt, man unterscheidet zwischen materiellen und immateriellen Anreizen. Materielle Anreize können schließlich noch in nicht-monetäre und monetäre Anreize unterschieden werden.

Anreizobjekte knüpfen an den Inhalt des Anreizes an, der geboten wird. Bei immateriellen Anreizkomponenten können die verursachten Kosten nicht unmittelbar dem Mitarbeiter oder dem Unternehmen zugeordnet werden. Beispiele für immaterielle Anreize sind Arbeitsplatzsicherheit, Handlungsfreiräume, Arbeitsumfeld oder Auslandstätigkeiten. Die Entwicklung immaterieller Anreizsysteme gestaltet sich als komplex und anspruchsvoll, da sich in vielen Unternehmen

---

[11] Vgl. Bartscher 2016, Online
[12] Zaunmüller 2005, Anreizsysteme für das Wissensmanagement in KMU, S. 38
[13] Vgl. Zaunmüller 2005, S. 37

Zwänge kultureller und struktureller Natur fest etabliert haben. Diese sind oft nur schwierig veränderbar, was aber nicht heißen soll, dass das nicht möglich ist. Unter anderem aufgrund dessen sind immaterielle Anreize nur ein Teil des Anreizsystems. Ein weiterer Teil besteht aus materiellen Anreizen. Im Unterschied zu den immateriellen Anreizen können hier die Kosten von potenziell auszuschüttenden Anreizen dem Empfänger direkt zugerechnet werden.[14] Hinsichtlich der Unterteilung materieller Anreize ist folgendes festzuhalten: Monetäre Anreize werden in Form von Direktentgelt ausbezahlt, nicht-monetäre Anreize können nur indirekt durch monetäre Werte beschrieben werden.[15] Zu den monetären Anreizen gehören fixe und variable Entgeltbestandteile sowie die damit zusammenhängenden quantitativen Sozialleistungen. Die nicht-monetären Anreize umfassen beispielsweise Gesundheitsvorsorge, Firmenwagen oder Sportangebote.[16]

2.3.3 Bemessungsgrundlage

Die Bemessungsgrundlage, oft auch als Performancemaß bezeichnet, ist ein essentielles Kriterium bei der Gestaltung eines Anreizsystems und beantwortet die Frage, wie die Zielerreichung gemessen werden kann. Die Bemessungsgrundlage dient der Sicherstellung, dass die Aktivitäten der Mitarbeiter auf die Ziele des Unternehmens ausgerichtet sind. Die Aktivitäten der Mitarbeiter sollen möglichst jederzeit im Einklang mit den Interessen eines Unternehmens stehen. Das ist machbar, wenn das Anreizsystem so funktioniert, dass wenn der Mitarbeiter seine geforderten Ziele erreicht, im selben Moment die Unternehmensziele positiv beeinflusst werden. Anders gesagt: Erreichen die Mitarbeiter ihre persönlichen vom Anreizsystem geförderten Ziele, erreicht auch das Unternehmen seine ausgewiesenen Ziele.[17]

Die Bemessungsgrundlage kann entweder am Output oder am Input der Mitarbeiterleistung angesetzt werden. Bemessungsgrundlagen die sich am Input orientieren, beziehen sich auf das Handeln des Mitarbeiters, wenn er seine Arbeit z.B. besonders ordentlich und mit großem Engagement erledigt. Auch seine Qualifikationen können als Maßstab dienen. Output-orientierte Bemessungsgrundlagen hingegen setzen am Ergebnis der erbrachten Leistung an. Out- sowie auch input-

---

[14] Vgl. Motzkuhn et al. 2014, S. 44
[15] Vgl. Holzmann 2016, S. 254
[16] Vgl. Brose 2006, S. 50
[17] Vgl. Hungenberg und Wulf 2015, S. 370

orientierte Bemessungsgrundlagen können monetär oder nicht-monetär gestaltet werden, in der Regel wird jedoch eine monetäre Form bevorzugt, bei der finanzielle Messgrößen wie z.B. das Jahresergebnis eines Unternehmens oder das Ergebnis eines bestimmten Projektes als Bezugsgrößen verwendet werden.

Darüber hinaus muss determiniert werden, ob die Bemessungsgrundlage absolut oder relativ ausgestaltet wird. Wird die Bemessungsgrundlage in absoluter Form ausgestaltet, steht die Ermittlung der Belohnungshöhe in direktem Zusammenhang mit der verwendeten Messgröße. Bei einer relativ ausgerichteten Ausführung wird die Ausprägung der Bemessungsgrundlage entweder intern mit den Ausprägungen anderer Mitarbeiter oder extern mit den Ausprägungen anderer Unternehmen verglichen, um Höhe und Art der Belohnung festzustellen. Es muss berücksichtigt werden, dass bei einer relativen Bemessungsgrundlage das Problem der komplexen Vergleichbarkeit zwischen Unternehmen, Projekten, Gruppen und Einzelpersonen besteht.[18]

Erwartungsgemäß versucht ein Mitarbeiter durch sein Handeln zu einer möglichst hohen Belohnung zu kommen. Je wirkungsvoller die Anreize gesetzt werden, desto nützlicher der Effekt für das Unternehmen. Damit die Verknüpfung von Mitarbeiterzielen und Unternehmenszielen möglichst erfolgreich gelingt, ist bei der Gestaltung insbesondere auf Kompatibilität, Steuerbarkeit und Manipulationsresistenz der ermöglichten Anreize zu achten. Mit Anreizkompatibilität ist der Zielbezug gemeint, bedeutet der Anreiz muss im Einklang mit dem Unternehmensziel stehen und wird nach Bedarf angepasst. Die Belohnung soll nur dann entstehen, wenn der Zielerreichungsgrad des Unternehmens durch die Arbeit des Anreizempfängers erhöht wird. Obendrein muss der Anreizempfänger die Ausprägung der Bemessungsrundlage im Sinne der Steuerbarkeit beeinflussen können. In Bezug auf die Steuerbarkeit sollte beispielsweise ein Verkäufer einen hohen Grad an Einfluss auf die Anzahl seiner verkauften Produkte haben. Es liegt auf der Hand, dass die Ausprägung der Bemessungsgrundlage gegen Manipulation geschützt werden muss.[19] Schlussendlich lässt sich festhalten, dass eine sinnvolle und effektive Gestaltung der Bemessungsgrundlage entscheidend für den Erfolg oder Misserfolg eines Anreizsystems ist, dabei ist insbesondere auf die Adaption von Individualanreizen und Unternehmenszielen zu achten.

---

[18] Vgl. Dahlhaus 2009, S. 129-130
[19] Vgl. Huber 2014, S. 19-20

2.3.4 Belohnungsfunktion

Ein weiteres Element der Gestaltung von Anreizsystemen ist die Belohnungsfunktion. Die Belohnungsfunktion beantwortet die Frage, welche Stufe der Zielerreichung zu welcher Art und Höhe der Belohnung führt. Sie ergibt sich aus der Menge der Anreize in Zusammenhang mit der Leistung eines Mitarbeiters. Hierbei wird eine funktionelle Beziehung zwischen der jeweiligen Bemessungsgrundlage und der veränderlichen Höhe der Belohnung hergestellt.[20] Der Mitarbeiter kann durch einen messbaren Zusammenhang zwischen der von ihm erbrachten Leistung und einer leistungsbasierten Belohnung Einfluss auf die Höhe seiner Belohnung nehmen. Voraussetzung ist, dass der betroffene Mitarbeiter die Bestandteile und Zusammenhänge zwischen der zu erbringenden Leistung und der dazugehörigen Belohnung kennt, was jedoch einer angemessenen Kommunikation bedarf.[21] Die Gestaltung der Belohnungsfunktion ist zudem abhängig von den individuellen Risiko- und Zeitpräferenzen eines jeden Mitarbeiters. Die Gestaltung der Belohnungsfunktion kann unabhängig von der Bestimmung der Bemessungsgrundlage erfolgen.[22]

Gestaltungsalternativen ergeben sich mit Blick auf den Verlauf, eine mögliche Unter- oder/und Obergrenze sowie die Verbindung von mehreren Bemessungsgrundlagen. Den Verlauf betreffend wird zwischen einer linearen und nichtlinearen Funktion differenziert, wobei die Steigung einer linearen Funktion entweder proportional, unter- oder überproportional verläuft, je nachdem ob sich die Anreizmenge konstant mit der Steigerung der Bemessungsgrundlage erhöht. Zudem ist über eine Deckelung und eine Untergrenze der Belohnungshöhe zu entscheiden. Eine Untergrenze erscheint beispielsweise bei risikoscheuen Mitarbeitern sinnvoll zu sein, die keinem großen Einkommensrisiko ausgesetzt sein möchten. Eine Vergütungsobergrenze senkt zwar das Kostenrisiko für Unternehmen, kann aber auch einen Negativeffekt herbeiführen, wenn leistungsorientierten Mitarbeitern durch eine zu niedrige Deckelung der Belohnungshöhe die Motivation genommen wird und diese folglich keine wertschöpfenden Handlungen mehr unternehmen.[23]

---

[20] Vgl. Hungenberg und Wulf 2015, S. 371
[21] Vgl. Kunz 2011, S. 5
[22] Vgl. Wollscheid 2013, S. 15
[23] Vgl. Huber 2014, S. 21-22

2.3.5 Ausschüttungspolitik

Im Rahmen der Ausschüttungspolitik wird beschlossen, in welchen Zeitabschnitten leistungsbezogene Belohnungen an den Empfänger ausgeschüttet werden. Die variabel wählbaren Zeitpunkte reichen von einer kurzfristigen Ausschüttung bis hin zu einer langfristigen Ausschüttung über ein Jahr oder gar länger hinweg. Hierbei muss die erhöhte Verhaltenswirksamkeit in Verbindung mit einem engen zeitlichen Zusammenhang zwischen Leistung und gebotenem Anreiz bedacht werden. Fallen Leistung und in Aussicht gestellter Anreiz zu weit auseinander, reduziert sich die Wirkung des Anreizes.[24] Die Ausschüttungspolitik beinhaltet drei mögliche Formen zur Auswahl der Zeitpunkte: Eine sofortige Ausschüttung, eine periodische Ausschüttung sowie eine endfällige Ausschüttung. Die Wirkung des Anreizes ist am höchsten, wenn die Belohnung sofort nach einer Leistungsbeurteilung ausgeschüttet wird. Probleme ergeben sich bei der Beurteilung von Leistungen, die mit strategischen Zielen verbunden sind. Zum Zeitpunkt der Ausschüttung ist nicht erkennbar, ob die Aktivitäten zu einem nachhaltigen Erfolg führen. Im Gegensatz dazu ist die Leistungsbeurteilungsqualität bei einer endfälligen Ausschüttung deutlich einfacher: Zum Zeitpunkt der Auszahlung besteht bereits Klarheit über den Erfolg der geleisteten Aktivitäten, bedeutet die Leistung kann anhand der Ergebnisse deutlich präziser bewertet werden.

Aufgrund der unterschiedlich ausfallenden Folgen und Wirkungen der verschiedenen Ausschüttungsmodi erweist es sich als zielführend, eine Kombination von kurz- und langfristiger Ausschüttung zu verwenden.[25] Bei einer sofortigen Ausschüttung erfolgt diese unverzüglich nach der Investitionsentscheidung. Auf Grundlage der Investitionsplanung und deren voraussichtlichen Erfolg wird die auszuschüttende Belohnung ermittelt. Diese Option bietet zwar eine zeitliche Nähe zwischen Entscheidung und Belohnung, ist allerdings unzulänglich im Hinblick auf Planabweichungen bezüglich des Investitionserfolges. Bei einer periodischen Ausschüttung erhält der betroffene Mitarbeiter zum Ende einer jeden Periode seine Belohnung. Bei der Beurteilung spielt nicht nur die erbrachte Leistung während der letzten Periode eine Rolle, sondern ebenso der bis dato erreichte Gesamterfolg. Das hat den großen Vorteil, dass dem Mitarbeiter regelmäßig Anreize geboten werden. Außerdem bietet dieser Modus die Möglichkeit, die Leistung auf

---

[24] Vgl. Huber 2014, S. 23
[25] Vgl. Hungenberg und Wulf 2015, S. 372

Basis von Soll- und Ist-Daten zu bewerten, wodurch eine präzisere Bestimmung der Belohnung durchgeführt werden kann. Bei einer endfälligen Ausschüttung ist zwar eine detaillierte Leistungsbeurteilung möglich, jedoch fällt der Zeitpunkt zwischen Handlung und Belohnung weit auseinander, was zu einem Motivationsdefizit führen kann.[26]

2.3.6 Adressatenkreis

Bei der Ausarbeitung eines Adressatenkreises wird festgelegt, welche Mitarbeiter vom Anreizsystem erfasst werden. Dabei reicht die Bandbreite der einbezogenen Anreizempfänger von wenigen Führungskräften bis hin zur Berücksichtigung aller Mitarbeiter des gesamten Unternehmens. Eine Auswahl der Anreize erfolgt mit Rücksichtnahme auf die damit verbundenen Kosten, auch Komplexitätsgründe spielen eine Rolle. Für eine Anreizkomponente, welche alle Mitarbeiter mit einbezieht, sprechen der Gemeinschaftsgedanke sowie die Stärkung für das Bewusstsein einer gemeinsamen Verantwortung, beispielsweise für den Unternehmenserfolg. Andererseits kann das nur ein Bestandteil eines Anreizsystems sein; jedem Mitarbeiter müssen zusätzlich individuelle Anreize geboten werden, die in ihrer Höhe meist hierarchisch differenziert werden. Bei der Bestimmung der Anreizarten sollten die individuellen Bedürfnisse der Mitarbeiter berücksichtigt und mit einbezogen werden.[27] In der folgenden Abbildung werden die wichtigsten Elemente von Anreizsystemen zusammengefasst visualisiert.

---

[26] Vgl. Dahlhaus 2009, S. 131
[27] Vgl. Huber 2014, S. 24

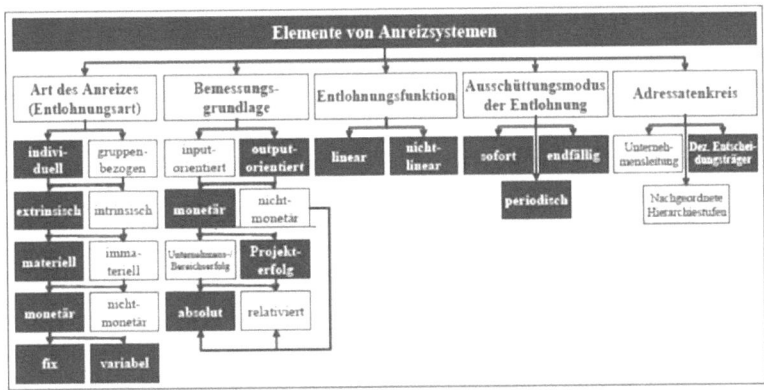

Abbildung 2: Elemente von Anreizsystemen. [28]

2.4 Anforderungen an Anreizsysteme

2.4.1 Transparenz

Ein wichtiger Aspekt für die Implementierung eines Anreizsystems ist dessen Transparenz und Nachvollziehbarkeit. Ein intransparentes Anreizsystem führt zu Ineffektivität. Das ist beispielsweise der Fall, wenn Anreize unbekannt oder zu komplex aufgebaut sind. Infolgedessen ist Transparenz eine zentrale Vorrausetzung für den Wirkungsgrad von Anreizsystemen. Abhängig ist die Transparenz unter anderem von der Nachvollziehbarkeit der Komplexität des Anreizsystems, aber auch von den Kommunikationsmaßnahmen, mit denen die Funktionen des Anreizsystems den Mitarbeitern erläutert werden.[29] Einfachheit und eine klare Kommunikation führen hier grundsätzlich zu einer besseren Verständlichkeit. Das Anreizsystem muss vom Mitarbeiter nachvollzogen werden können.[30] Dabei sollten dem Mitarbeiter der Aufbau des Anreizsystems, sein persönlicher Einfluss auf die Höhe der Belohnung und der Zusammenhang zwischen Anreiz und Bemessungsgrundlage klar sein. Durch eine vorhandene Transparenz ist außerdem eine Beurteilung im Sinne einer gerechten Gewährung von Anreizen möglich.[31]

---

28 Dahlhaus 2009, Investitions-Controlling in dezentralen Unternehmen, S. 133

29 Vgl. Grewe 2012, S. 14

30 Vgl. Motzkuhn et al. 2014, S. 45

31 Vgl. Huber 2014, S. 28

2.4.2 Aktualität der Ermittlung

Eine weitere wichtige Anforderung an Anreizsysteme, bezogen auf die zeitliche Differenz zwischen Leistungserstellung und Entlohnung, ist die Aktualität der Ermittlung. Hierbei muss „gewährleistet werden, dass zwischen der Handlung des Mitarbeiters und der Gewährung der daraus resultierenden Belohnung keine zu große zeitliche Differenz besteht"[32] Die gewünschte motivationale Wirkung ist am höchsten, wenn der Mitarbeiter den unmittelbaren Zusammenhang zwischen seinen Aktivitäten und die für ihn daraus resultierenden Belohnungen erkennt. Nach seiner Leistungsbeurteilung sollte beim Mitarbeiter zeitnah Klarheit darüber bestehen, wie hoch seine Belohnung auf Grundlage seiner erbrachten Leistung ausfällt, sowie auch deren Verfügbarkeit.[33]

2.4.3 Wirtschaftlichkeit

Die dritte Anforderung bezieht sich auf die Wirtschaftlichkeit von Anreizsystemen. Funktioniert das Anreizsystem aus wirtschaftlicher Perspektive nicht, übersteigen die Kosten den Nutzen.[34] Die Effizienz ist eine ganz entscheidende Bedingung für ein wirtschaftlich erfolgreich funktionierendes Anreizsystem. Im Hinblick auf die Kostenverursacher ist zu berücksichtigen, dass nicht nur die durch Anreize verursachten Kosten mit einzukalkulieren sind, sondern gleichermaßen administrative Kosten.[35] Der dem Unternehmen entstehende Nutzen wird in der Verhaltenssteuerung der Mitarbeiter und dem damit verbundenen höheren Erfüllungsgrad der Unternehmensziele gesehen.

2.4.4 Gerechtigkeit

In Bezug auf die Gerechtigkeit gibt es zwei verschiedene Blickwinkel: Zum einen die interne Gerechtigkeit, bestehend aus Anforderungs-, Leistungs- und Sozialgerechtigkeit sowie eine externe Gerechtigkeit, die einen Vergleich zwischen Unternehmen auf der Grundlage von Marktbetrachtungen beinhaltet. Die interne Gerechtigkeit zielt auf einen intersubjektiven Vergleich zwischen den Mitarbeitern innerhalb des Unternehmens ab. Wird die erhaltene Belohnung in Bezug auf die erbrachte Leistung als ungerecht empfunden, kann das zu einer Reduzierung der

---

[32] Rödl 2006, S. 65
[33] Vgl. Huber 2014, S. 27
[34] Vgl. Motzkuhn et al. 2014, S. 45
[35] Vgl. Zaunmüller 2005, S. 99

Motivation führen, worunter folglich die Arbeitsleistung zu leiden hat. Bezüglich externer Gerechtigkeit erfolgt ein Vergleich zwischen Unternehmen, dabei wird der Anreizmarkt betrachtet. Ist dabei eine vom Mitarbeiter wesentliche Ungerechtigkeit im Vergleich zu anderen Unternehmen festzustellen, kann das zu einem Verlust des Mitarbeiters führen, falls dieser sich einem anderen Unternehmen anschließt.[36] Aufgrund der individuellen und subjektiven Wahrnehmung gestaltet es sich als schwierig, jedem Mitarbeiter die Anreize zu bieten, die auch er als gerecht empfindet. Es gibt hauptsächlich fünf Kriterien nach denen evaluiert wird, ob eine Verhaltensweise bzw. Handlung als gerecht oder ungerecht empfunden wird:

- Konsistenz und Unvoreingenommenheit: Zuteilungen werden bezüglich Person und Zeit beständig verwendet und soweit die Handlungen der Verwender nicht durch das persönliche Eigeninteresse beeinflusst werden.

- Genauigkeit: Alle relevanten Informationen sollten genutzt und Fehler nach Möglichkeit vermieden werden.

- Korrektur: Möglichkeit der Revision von Entscheidungen.

- Repräsentativität: Einbezug der Interessen aller Betroffenen.

- Ethik: Moralische und ethische Standards müssen beachtet werden.[37]

2.4.5 Akzeptanz

Die letzte ausschlaggebende Anforderung, die im Rahmen der Bachelorarbeit erläutert wird, ist die Akzeptanz der durch das Anreizsystem betroffenen Mitarbeiter. Darunter ist die Zustimmung der Mitarbeiter zu verstehen, welche sich auf die Ausgestaltung und Wirkung des Anreizsystems bezieht.

Die Wirkung des Anreizsystems ist von der Akzeptanz der Mitarbeiter entscheidend abhängig. Im Fokus der Akzeptanz stehen insbesondere die Entlohnungsfunktion und die zugehörige Bemessungsgrundlage. Des Weiteren besteht eine gewisse Abhängigkeit vom Verständnis der Mitarbeiter, ob das Anreizsystem verstanden wurde.

---

[36] Vgl. Huber 2014, S. 27-28
[37] Vgl. Zaunmüller 2005, S. 100

Damit ein Anreizsystem akzeptiert wird, muss außerdem ein bestimmter Grad an Individualisierung erreicht werden.[38] Die erwähnten Anforderungen Transparenz und Gerechtigkeit wirken sich essentiell auf die Akzeptanz des Mitarbeiters aus. Um eine möglichst hohes Maß an Akzeptanz zu erreichen, ist es zudem in der Praxis ratsam die eigenen Mitarbeiter bei der Gestaltung und Umsetzung des Anreizsystems mit einzubeziehen. Auch eine gewisse Sensibilität und Verständnis für unterschiedliche Präferenzen sind von großem Vorteil. Kurzfristige und häufige Änderungen der Methodik erweisen sich aufgrund der daraus resultierenden Orientierungslosigkeit als kontraproduktiv.[39]

2.5 Grenzen von Anreizsystemen

Besonders mit Blick auf eine nachhaltige Wirkung der Anreize ergeben sich Probleme. Im Folgenden wird erläutert, aus welchen Gründen Unternehmen ihre bestehenden Anreizsysteme neu überdenken sollten:

- Problem der individuellen Anreizgestaltung: Prinzipiell sollten Anreizsystemen einen möglichst breiten und großen Adressatenkreis ansprechen, gleichzeitig jedoch möglichst individuell auf die Bedürfnisse eines jeden Mitarbeiter eingehen.

- Problem der Anreizerkennung: Wie in den Anforderungen bereits erwähnt, müssen Anreize für eine effektive Wirkungsentfaltung als solche erkannt und akzeptiert werden.[40]

- Zu großer Fokus auf finanzielle Faktoren: Im Bereich der monetären Anreizgewährung ergeben sich Manipulationsspielräume, z.B. mithilfe von Bewertungswahlrechten.

- Kurzfristige Wirkung der Anreize: Strategische Ziele werden aufgrund der kurzfristigen Stimulationswirkung vernachlässigt. Das wirkt sich untern anderem negativ auf ein nachhaltiges Wirtschaften aus, man bedenke dabei auch die Sozial- und Umweltverantwortung eines Unternehmens.

---

[38] Vgl. Dahlhaus 2009, S. 149
[39] Vgl. Huber 2014, S. 29
[40] Vgl Fleig 2006, S. 59

- Kontraproduktivität von Anreizsystemen: Anreizsysteme bewirken nicht das, worauf sie eigentlich abzielen. Es werden häufig falsche Anreize gesetzt.

- Anreizsysteme arbeiten unwirtschaftlich: Seit Langem kritisiert die Fachliteratur die zu hohen Kosten und den damit verbundenen geringen wirtschaftlichen Nutzen. Häufig übersteigen die Kosten den Nutzen.[41]

- Das Problem der adverse selection: Mit Blick auf Anreizsysteme stellt sich die Frage, ob dieses Phänomen Ursache oder Folge opportunistischen Verhaltens ist. Werden Anreizsysteme zur Steuerung der Mitarbeiter tatsächlich benötigt oder ist moral hazard eine Folge der Verwendung von Anreizsystemen?[42]

---

[41] Vgl. Wolf 2007, S. 197
[42] Vgl. Landes und Steiner 2013, S. 636

3 Sinn von Anreizsystemen

3.1 Einordnung und Aktualität

Wie im Laufe der Bachelorarbeit bereits ersichtlich wurde, besteht ein Großteil der Anreize aus extrinsischen Komponenten. Doch wie sieht es mit der Förderung intrinsischer Motivation aus? Wäre es nicht nur aus wirtschaftlicher, sondern auch aus einer bedürfnisorientierten Sicht zur Erfüllung menschlicher Antriebe nicht sinnvoller, sich zunehmend auf diesen Teil der Anreizquellen zu konzentrieren? Gründe der Nachhaltigkeit, Befriedigung der individuellen inneren Bedürfnisse und eine erhöhte Motivationsbeständigkeit sprechen eigentlich dafür.

Eine weitere Frage ist, wie es um die moralischen und ethischen Kriterien steht. Nehmen wir zwei relativ aktuelle Beispiele aus der deutschen Wirtschaft: Volkswagen und die Deutsche Bank. Schaut man sich die Geschäftsberichte beider Konzerne an, lässt das auf hohe Ausgaben für deren Anreizsysteme schließen. Doch beispielsweise aus ethischer Perspektive scheinen beide Anreizsysteme nicht funktioniert zu haben, Stichwort Abgasskandal und Preismanipulation am Anleihemarkt. Viele VW-Topmanager scheinen von der Abgasmanipulation gewusst zu haben.[43] Bei der Deutschen Bank sieht es ebenfalls nicht gut aus: Anfang August dieses Jahres schnitt die Deutsche Bank bei einem jährlich durchgeführten Stresstest unter 51 untersuchten Kreditinstituten miserabel ab. Das größte deutsche Kreditinstitut nach Mitarbeiteranzahl und Bilanzsumme landete unter den schwächsten zehn Kandidaten.[44] Allein seit 2012 hat die Deutsche Bank eine unvorstellbar hohe Summe von 12 Mrd. Euro an Strafen bezahlt, weitere 5,5 Mrd. Euro sind derzeit zurückgestellt. Im Posten „Verlust nach Steuern" wird ein Betrag von 6,8 Mrd. Euro ausgewiesen.[45] Es ist davon auszugehen, dass auch die Deutsche Bank eine stattliche Summe an Arbeitskraft und finanziellen Mitteln im Rahmen ihrer Anreizsysteme investiert hat. Dennoch wird trotz des schlechten Unternehmensergebnisses ein Teil der Führungskräfte innerhalb der Deutschen Bank mit hohen Gehältern entlohnt: Insgesamt 756 Mitarbeiter kommen auf ein

---

[43] Vgl. Germis 2015, Online
[44] Vgl. Littmann 2015, Online
[45] Vgl. Sasse 2016, Online

besonders hohes Einkommen. Dieser Arbeitnehmerteil wurde im Jahr 2015 mit Summen zwischen einer und 12 Mio. Euro belohnt.[46]

Doch wo liegen die Ursachen für die immensen Verluste der Deutschen Bank? Hätte man die Schäden durch andere Interpretationsansätze von Anreizsystemen eventuell verhindern können?

Umfragen zum Thema finanzielle Belohnung zeigen eine klare Tendenz: Sie bestätigen die zunehmende Bedeutsamkeit immaterieller Anreize, höhere Gehälter führen meist nicht zu einer erhöhten Produktivität. Zu solchen immateriellen Anreizen, die in der Umfrage genannt wurden, zählen beispielsweise der Spaß an der Arbeit, eine herausfordernde und abwechslungsreiche Tätigkeit, selbstbestimmtes Arbeiten sowie Möglichkeiten zur Aus- und Weiterbildung.[47]

Ein weiterer Aspekt im Hinblick auf die Gestaltung von zukünftigen Anreizsystemen ist die sogenannte Generation Y, welche abweichende Bedürfnisse als die der älteren Generationen mitbringt. Bedingt durch den demografischen Wandel hat sich die Verhandlungsposition dieser Generation zum Starken verändert, es wird mehr erwartet und gefordert. Die Generation Y sucht nach mehr Sinn und Selbstverwirklichung.[48]

3.2 Verhaltenswissenschaftliche Theorien

3.2.1 Einordnung

Die Bedeutung der verhaltenswissenschaftlichen Theorien für Anreizsysteme ist offenkundig. Deren Relevanz ergibt sich aus dem engen Zusammenhang zwischen Motivation und den resultierenden Verhaltensweisen. Anreize können Motive aktivieren und dadurch eine Motivation auslösen.[49]

Im Rahmen der Bachelorarbeit werden jeweils zwei Inhalts- und Prozesstheorien der Motivation beleuchtet. Gegenstand der Inhaltstheorien sind die Gesetzmäßigkeiten, nach denen ein Individuum seine Ziele verfolgt, sowie eine Klassifizierung der Motive bzw. Bedürfnisse. Im Rahmen der Thesis werden zwei der wichtigsten Inhaltstheorien genauer beleuchtet. Zum einen die hierarchische Inhaltstheorie

---

[46] Vgl. Deutsche Bank 2016, Geschäftsbericht
[47] Vgl. Sprenger 2010, S. 95
[48] Vgl. Bund 2014, Online
[49] Vgl. Wolf 2007, S. 170

von Maslow und zum anderen die nichthierarchische Inhaltstheorie von Herzberg.[50] Im Gegensatz zu den Inhaltstheorien befassen sich die Prozesstheorien mit der Entstehung von Motivation sowie deren Wirkung auf die Reaktion bzw. die Verhaltensweisen der Mitarbeiter. Der Fokus liegt hierbei auf den Abläufen innerhalb des menschlichen Verhaltens, es geht um die Zusammenhänge von Motivation und Verhalten.[51]

3.2.2 Begriffsdefinition Motivation

Die Motivation beantwortet die Frage nach dem Warum bzw. nach den Antrieben und Ursachen menschlichen Verhaltens. Es wird dabei vorausgesetzt, dass menschliches Verhalten bewusst und aktiv gesteuert wird. Das Verhalten darf nicht von außen bedingt bzw. verursacht werden. Hierzu ein kurzes Beispiel: Ein Mensch bekommt Hunger und isst etwas, somit handelt es sich um ein durch Motivation ausgelöstes Verhalten. Überquert hingegen ein Mensch eine Straße und fällt dabei aufgrund des heranfahrenden Autos auf den Boden, ist das Stürzen keine Handlung, dass durch Motivation ausgelöst wurde.[52] Hentze definiert Motivation als „aktivierte Verhaltensbereitschaft eines Individuums im Hinblick auf die Erreichung bestimmter Ziele"[53] Im Allgemeinen wird Motivation als obligatorische Grundlage für menschliches Verhalten betrachtet. Damit ist fast ausschließlich (Ausnahme zielloses Handeln) jede bewusste Aktivität von einer bestimmten Motivation als Impuls geprägt. Gängige Kriterien für eine Charakterisierung der jeweiligen Motivationsausprägung beinhalten die Intensität, die Richtung sowie die Beständigkeit der Motivation. Die Intensität bezieht sich hierbei auf das Maß an Anstrengung, welches der Mitarbeiter angesichts der Zielerreichung unternimmt. Die Richtung der Motivation sollte sich anhand der Unternehmensziele orientieren. Letztendlich existiert noch das Kriterium der Beständigkeit. Die Beständigkeit oder Dauerhaftigkeit beantwortet die Frage der Aufgabenerfüllung. Erfüllt der Mitarbeiter die ihm zugewiesene Aufgaben bis zum Schluss oder gibt er bei ersten Problemen oder Widerständen auf?[54]

---

50 Vgl. Zaunmüller 2005, S. 55
51 Vgl. Wolf 2007, S.170-171
52 Vgl. Rosenstiel 2015, S. 5
53 Hentze 2005, S. 104
54 Vgl. Hungenberg und Wulf 2015, S. 237

3.2.3 Inhaltstheorien der Motivation

3.2.3.1 Maslows Bedürfnishierarchie

1954 schrieb der US-Amerikaner Abraham Maslow sein weltberühmtes Buch mit dem Titel „Motivation and Personality". Für eine wissenschaftliche Arbeit, die Erkenntnisse der motivationspsychologischen Forschung beinhaltet, ist die Bedürfnispyramide von Maslow genauso wichtig wie die Zwei-Fakten-Theorie von Herzberg, da beide Autoren bedeutende Erkenntnisse bezüglich dieser Thematik hervorbrachten.

Bevor die Theorien beider Autoren vorgestellt werden, wird erläutert, worin ein Motiv überhaupt besteht und wie dieser Begriff definiert ist. Philipp Herzberg definiert Motive und Bedürfnisse folgendermaßen: „Motive und Bedürfnisse lassen sich als Antriebskräfte für menschliches Verhalten verstehen. Als Bewertungen von bestimmten Verhaltenszielen bestimmen sie somit die Richtung menschlichen Verhaltens. Ein Individuum, das beispielsweise ein starkes Bedürfnis nach Flüssigkeitsaufnahme aufweist, wird als positiv bewertetes Verhaltensziel die Beendigung des momentanen aversiven Durstzustandes erleben, was beispielsweise als Ursache dafür dient, sich aus dem Kühlschrank ein Mineralwasser zu nehmen"[55]

Aufgrund der hohen Komplexität und Individualität der Motivstruktur lässt sich nie exakt feststellen, welche Motive für einen bestimmten Menschen die jeweils entscheidenden sind. Deshalb ist eine Generalisierung auch nur schwer umzusetzen. Eine Orientierung bezüglich menschlicher Motive bietet Maslow. Seiner Bedürfnispyramide nach lässt sich beurteilen, welche Motive für Menschen besonders relevant sind.

---

[55] Herzberg und Roth 2014, S. 76

In der folgenden Abbildung ist diese Bedürfnispyramide zu sehen.

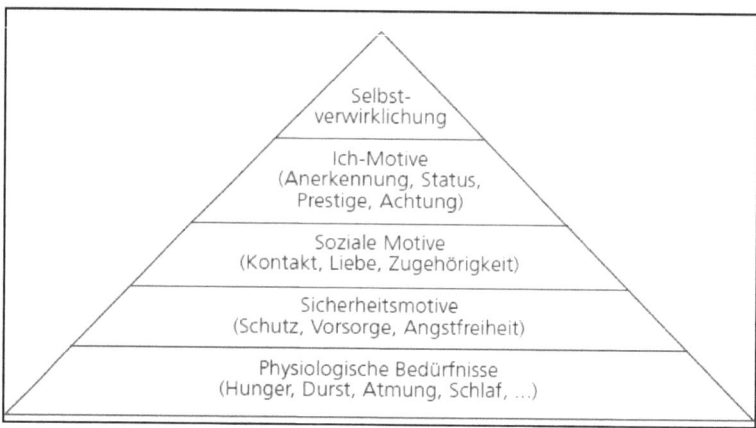

Abbildung 3: Pyramide zur Klassifizierung menschlicher Motive.[56]

Zunächst einmal unterscheidet Maslow zwischen defizitären und unstillbaren Bedürfnissen. Zu den defizitären Motiven gehören die physiologischen, sicherheitsbedingten und sozialen Bedürfnisse. Ich-Motive werden als defizitär und unstillbar betrachtet. Die Selbstverwirklichung wird als ein unstillbares Bedürfnis gesehen. Defizitäre Motive stellen Mangelbedürfnisse dar, die durch die jeweils erforderlichen Güter erfüllt werden können und bei andauernder Befriedigung ihren Effekt auf die Motivation nach und nach verlieren. Im Gegensatz dazu sind unstillbare Bedürfnisse nicht durch die Beseitigung eines bestimmten Mangels durch Güter zu erfüllen, sondern werden durch eine kontinuierliche Bestätigung, Gestaltung und Verbesserung befriedigt. Die unstillbaren Bedürfnisse haben eine bestärkende und nachhaltigere Wirkung auf die Motivation, mit jeder erfolgreichen Befriedigungshandlung nimmt diese zu.[57] Die nächstspezifischere Klassifizierung erfolgt anhand fünf unterschiedlich wichtiger Motivgruppen, darunter die Bedürfnisse nach Selbstverwirklichung, Anerkennung, sozialer Zuwendung, das Verlangen nach Sicherheit sowie physiologische Grundbedürfnisse.[58]

---

[56] Rosenstiel 2015, Motivation im Betrieb, S. 69

[57] Vgl. Rothermund und Eder 2011, S. 98

[58] Vgl. Rosenstiel 2015, S. 68

Im Folgenden werden die Bedürfniskategorien genauer erläutert:

- Physiologische Bedürfnisse: Grundbedürfnisse, die dem Selbsterhalt des Menschen zugeordnet sind. Diese Bedürfnisse beziehen sich auf die körperlichen Begehren des Menschen. Beispiele hierfür sind Durst, Hunger und Schlaf.

- Sicherheitsbedürfnisse: Diese Bedürfnisart wird durch die Beseitigung jeglicher Gefahren befriedigt. Dazu gehören Risiken hinsichtlich körperlicher, psychischer und wirtschaftlicher Gefahren.

- Soziale Bedürfnisse: Diese Bedürfniskategorie bezieht sich auf die Beziehung zu und Zuwendung von Mitmenschen. Das beinhaltet beispielsweise das Ersuchen von Liebe und dem Verlangen nach Zugehörigkeit zu einer Gemeinschaft.

- Ich-Bedürfnisse: Zu dieser Bedürfnisgruppe gehören etwa die Achtung und Anerkennung durch Mitmenschen. Oftmals werden die Ich-Bedürfnisse auch als Wertschätzungsbedürfnisse bezeichnet. Entscheidende Determinanten für die Befriedigung dieser Bedürfnisse sind Erfolg, das Erstreben von Unabhängigkeit sowie dem Vorhandensein von Autorität.

- Selbstverwirklichungsbedürfnisse: Selbstverwirklichung wird durch eine Umsetzung der persönlich als wichtig erachteten Ziele und Wünsche erreicht. Der Fokus liegt dabei auf der Entwicklung und Entfaltung der eigenen Möglichkeiten und Fähigkeiten.[59]

Heckhausen schreibt bezüglich der Bedürfnispyramide „Der Grundgedanke von Maslows Klassifikation ist ein Prinzip der relativen Vorrangigkeit in der Motivanregung. Es besagt, dass zunächst immer die Bedürfnisse der niedrigeren Gruppe befriedigt sein müssen, ehe ein höheres Bedürfnis überhaupt aktiviert wird und das Handeln bestimmen kann".[60] Gegenstand der Pyramide ist nicht eine Abgrenzung einzelner Bedürfnisse, sondern eine Unterteilung in bestimmte Bedürfniskategorien. Kategorisiert werden diese nach einer wertebezogenen Rangordnung in Bezug auf die Persönlichkeitsentwicklung eines Menschen. Auch die weiter oben angesiedelten Bedürfnisse wie z.B. Selbstverwirklichung können gleichermaßen wie auch die weiter unten angesiedelten Bedürfnisse instinktoid begründet wer-

---

[59] Vgl. Hungenberg und Wulf 2015, S. 244
[60] Heckhausen 2010, S. 57

den, bedeutet sie sind uns angeboren. Ausschließlich unerfüllte Bedürfnisse ziehen eine Handlung nach sich, dass Verhalten wird von Befriedigungserfolgen an-
geregt. In der nachstehenden Abbildung sind die Motivgruppen in Zusammenhang mit der Persönlichkeitsentwicklung skizziert.

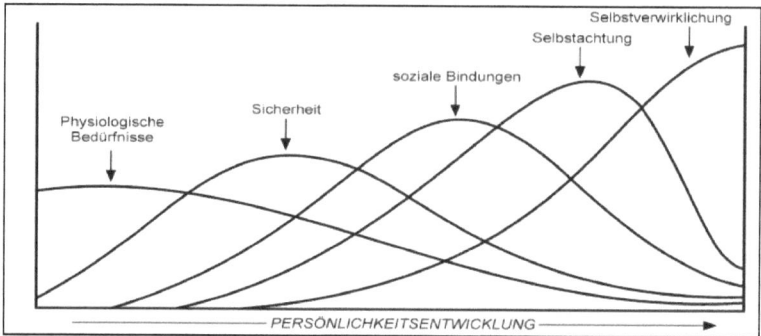

Abbildung 4: Hierarchische Darstellung der Motivgruppen auf Grundlage der relativen
Rangordnung in Bezug zur Persönlichkeitsentwicklung.[61]

Das nächsthöhere Bedürfnis kann erst dann befriedigt werden, wenn die unter-
halb angeordneten Bedürfnisse bereits angemessen befriedigt sind. Hierbei besteht ein Zusammenhang mit der Persönlichkeitsentwicklung. Für einen Säugling
sind zunächst einmal physiologische Bedürfnisse von Wichtigkeit. Der Säugling
sehnt sich nach Erfüllung von Grundbedürfnissen wie Hunger, Durst oder At-
mung. In späterem Alter früher Kindheit kommt das nächste Bedürfnis dazu, dass
Kind sehnt sich nach Schutz und Fürsorge. Anschließend folgen chronologisch die
weiteren Bedürfnisse wie soziale Bindung, Selbstachtung und Selbstverwirklichung. Die Selbstverwirklichung wird erst im Erwachsenenalter Bestandteil seiner erlebten Bedürfnisse.[62] Die zu beachtende Hierarchie darf jedoch nicht in dem
Sinne verstanden werden, dass ein Mangel an Befriedigung der unteren Bedürfnisse umgehend zu einer nicht-Beachtung der oberen Motive führt. Es erfolgt
vielmehr schleppend eine Konzentration auf die nächst untere Bedürfnisebene.[63]

Bezüglich der behandelten Thematik der Bachelorarbeit folgert der Verfasser,
dass für eine effektive und effiziente Wirkung des Anreizsystems bestimmte Mo-

---

61   Heckhausen 2010, Motivation und Handeln, S. 58
62   Vgl. Heckhausen 2010, S. 57-58
63   Vgl. Rothermund und Eder 2011, S. 99

tive in angemessenem Maß vorhanden sein müssen. Das eingesetzte Anreiz-system hat die Funktion diese Motive zu bedienen, indem es gezielt Anreize setzt, um Motivation zu erzeugen. Für Unternehmen sind alle Bedürfniskategorien zu beachten, hinsichtlich intrinsischer Motivation dürften die Bedürfnisgruppen Ich-Motive und Selbstverwirklichung von besonderer Bedeutung sein.

3.2.3.2 Zwei-Faktoren-Theorie von Herzberg

Im Unterschied zu Maslow konzentriert sich die Pittsburgh-Studie von Herzberg genauer genommen auf die Arbeitsmotivation von Menschen. Im Fokus der Studie steht die Arbeitsleistung, die in Zusammenhang mit der Arbeitszufriedenheit un-tersucht wurde. Im Gegensatz zu Maslows Bedürfnispyramide basiert die Zwei-Fakten-Theorie auf der Grundlage empirischer Untersuchungen. Das Ergebnis dieser Untersuchung enthält eine zweiseitige Klassifikation. Im Allgemeinen wur-de festgestellt, dass es gewisse Faktoren gibt, die im Unternehmen eher zu einer Unzufriedenheit führen, diese werden als Hygienefaktoren bezeichnet. Der zweite Teil der Faktoren hingegen erzeugt eine Zufriedenheit, was sich positiv auf die Motivation der Arbeitnehmer auswirkt. Aus diesem Grund werden diese Faktoren als Motivatoren bezeichnet. Ihre Motivationswirkung ist deutlich größer als die der Hygienefaktoren. Motivatoren können ein hohes Maß an Arbeitszufriedenheit bewirken.[64] Hygienefaktoren führen zu Unzufriedenheit, wenn diese nicht in zu-friedenstellendem Maße gewährt werden. Sie motivieren tendenziell weniger, sind jedoch durch Bereitstellung die Grundlage für die Effektivität der Motiva-toren.[65] Die folgende Graphik zeigt Teilergebnisse der empirischen Untersuchung von Herzberg.

---

[64] Vgl. Wiedmann 2006, S. 26-28
[65] Vgl. Weber 2006, S. 10

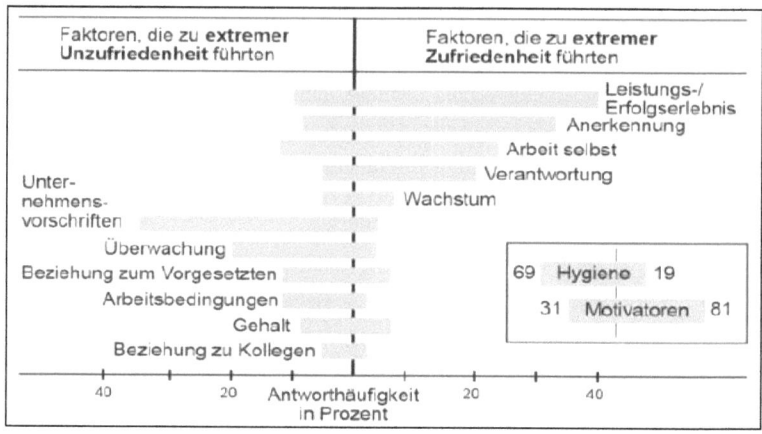

Abbildung 5: Hygienefaktoren und Motivatoren.[66]

Wie man dem graphisch dargestellten Teilergebnis entnehmen kann, existieren eine Reihe von Faktoren, die entweder eher zu einer Zufriedenheit oder eher zu einer Unzufriedenheit führen. Die Antworthäufigkeit der Teilnehmer ist in Prozent angegeben. Es zeichnet sich eine klare Tendenz ab: Faktoren, die zu einer großen Unzufriedenheit führen können sind beispielsweise umfangreiche Unternehmensvorschriften, zu viel Überwachung oder schlechte Arbeitsbedingungen. Faktoren, die ein hohes Maß an Motivation erzeugen können sind beispielsweise die Arbeit an sich, Anerkennung und Erfolgserlebnisse. Die Basis der Zwei-Fakten-Theorie von Herzberg bildet die oberste Ebene der Bedürfnishierarchie von Maslow: Die Selbstverwirklichung. Bei der Erfüllung des Selbstverwirklichungsbedürfnisses spielt das Erleben der eigenen Leistungsfähigkeit sowie das Ausschöpfen aller Entwicklungspotenziale eine wesentliche Rolle.[67]

Um das Ergebnis, und entsprechende Aussagen Herzbergs besser zu verstehen, werden die Hygienefaktoren und Motivatoren in Zusammenhang mit den Gefühlszuständen Unzufriedenheit und Zufriedenheit untersucht. Bisher bekannte, traditionelle Motivationstheorien gehen davon aus, dass das Gegenteil von Zufriedenheit Unzufriedenheit ist und diese zwei Gefühlszustände lückenlos zusammenhängen. Herzberg jedoch folgerte aus den Ergebnissen seiner Studie, dass Zufriedenheit und Unzufriedenheit unabhängig voneinander betrachtet werden müs-

---

[66] Hungenberg und Wulf 2015, Grundlagen der Unternehmensführung, S. 248
[67] Vgl. Wiedmann 2006, S. 27

sen, beide Faktoren sind eigenständig zu behandeln. Demnach ist das Gegenteil von Zufriedenheit eine Nicht-Zufriedenheit und nicht eine Unzufriedenheit. Dasselbe gilt für die Unzufriedenheit. Ein Mitarbeiter wird bei Abklingen der Unzufriedenheit nicht zufriedener, sondern nicht unzufriedener.

Die nachfolgende Abbildung veranschaulicht diese Betrachtung.

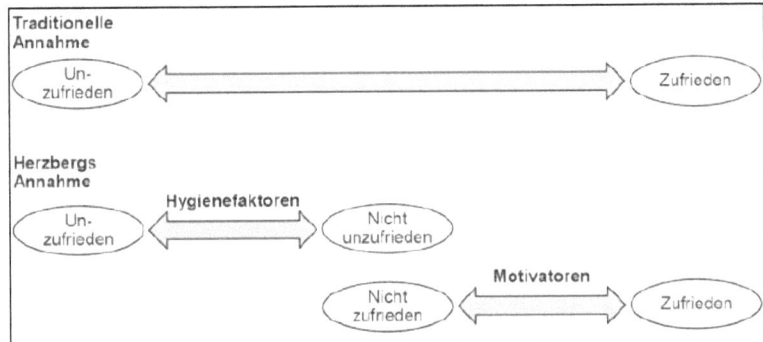

Abbildung 6: Traditionelle und Herzbergs Annahme zur Entstehung von Zufriedenheit.[68]

Hinsichtlich der Hygienefaktoren bewirken diese bei Bereitstellung im besten Fall eine Nicht-Unzufriedenheit, sie können eine Unzufriedenheit des Mitarbeiters also verhindern. Motivatoren hingegen können ein hohes Maß an Zufriedenheit erzeugen. Sind keine Motivatoren vorhanden, führt das zu einer Nicht-Zufriedenheit.[69] Aus der Annahme von Herzberg leitet der Verfasser der Bachelorarbeit insgesamt vier Zustände aus Unternehmersicht ab:

1. Wenig Hygienefaktoren – Wenig Motivatoren: Das Unternehmen bietet kaum Hygienefaktoren, beispielsweise wird das zu geringe Gehalt beanstandet, die Beziehung zum Vorgesetzten wird als negativ empfunden und die Vorschriften sind sehr komplex und umfangreich. Die Mitarbeiter sind unzufrieden. Ebenso gibt es zu wenig Motivatoren. Das kann z.B. der Fall sein, wenn der Arbeitsinhalt als zu wenig abwechslungsreich empfunden wird und der Mitarbeiter zudem keine Erfolgserlebnisse erfährt. Das führt zu einem Mangel an Motivation, der Mitarbeiter ist mit dieser Situation nicht zufrieden.

---

68 Hungenberg und Wulf 2015, Grundlagen der Unternehmensführung, S. 249
69 Vgl. Hungenberg und Wulf 2015, S. 247-249

2. Viele Hygienefaktoren – Wenig Motivatoren: Es gibt kaum Beschwerden bezüglich der Hygienefaktoren. Das Gehalt stimmt, es besteht eine flache Hierarchieebene und die Beziehung zu den Kollegen ist äußerst befriedigend. Das Unternehmen bietet zwar gute Rahmenbedingungen für eine Nicht-Unzufriedenheit, dennoch sind die Mitarbeiter aufgrund der fehlenden Motivatoren nicht motiviert, was sie nicht zufrieden stimmt.

3. Wenig Hygienefaktoren – Viele Motivatoren: Aufgrund der vielen Beanstandungen bezüglich der Hygienefaktoren sind die Mitarbeiter unzufrieden. Sie beklagen sich über zu viel Reglementierung, dass niedrige Gehalt und die schlechten Arbeitsbedingungen. Dennoch können sie unter Umständen ein gewisses Maß an Motivation empfinden, da ihnen die Arbeit an sich Freude bereitet, außerdem wird ihnen viel Wertschätzung und Anerkennung entgegengebracht, was zu einem Zufriedenheitsempfinden führt. Dazu muss jedoch gesagt werden, wie innerhalb der Bachelorarbeit bereits erwähnt, die Hygienefaktoren sind Grundlage für die Effektivität der Motivatoren. Folglich können die Motivatoren in keinem Fall den gleichen Wirkungsgrad erreichen, als wenn die Hygienefaktoren mitberücksichtigt werden. Die Motivatoren sind wenig wirksam, wenn die Hygienefaktoren nicht gewährleistet werden.

4. Viele Hygienefaktoren – Viele Motivatoren: Der Idealfall, nach diesem Zustand sollte ein Unternehmen streben. Es gibt kaum Beanstandungen mit Blick auf die Hygienefaktoren, das Gehalt stimmt, die Beziehung zum Vorgesetzten ist gut, es gibt kaum Überwachung, den Mitarbeitern wird viel Vertrauen entgegengebracht. Die Mitarbeiter sind angesichts dieser Verhältnisse nicht unzufrieden. Außerdem sind die Mitarbeiter hochmotiviert, sie erfahren Wertschätzung und Anerkennung, tragen viel Verantwortung und erfahren regelmäßig Erfolgserlebnisse, was zu einem hohen Grad der Zufriedenheit und Motivation führt. Ihre Selbstverwirklichungsbedürfnisse werden weitestgehend erfüllt.

Aus Sicht des Verfassers werden folgende Kernpunkte aus der Zwei-Faktoren-Theorie von Herzberg erkannt: Kontext-Faktoren, mit anderen Worten Hygienefaktoren wie beispielsweise das Gehalt, die Arbeitsbedingungen, die Unternehmenspolitik, Überwachung und Unternehmensvorschriften sind alles Aspekte, die wir mit Blick auf Anreizsysteme tendenziell als extrinsische Motivationsfaktoren bezeichnen würden. Herzberg behauptet, dass diese Aspekte nur Grundlage für eine Nicht-Unzufriedenheit im Unternehmen sind und kaum zu einer Motivation führen. Die bedeutenden Determinanten für die Entwicklung einer wirkungsvollen Motivation sind die Motivatoren. Dazu gehören beispielsweise die Arbeitsinhalte, Entwicklungsmöglichkeiten, Entfaltung, Übertragung von Verantwortung, das Erleben von Erfolgserlebnissen, Einbeziehung in die Entscheidungsfindung und die Delegation von Aufgaben, die den Mitarbeitern fordern. Wenn die Anreizarten betrachtet werden, würden die Motivatoren tendenziell zu den intrinsischen Anreizen gruppiert werden, da sich Herzbergs Motivatoren größtenteils unmittelbar auf die Arbeit und deren Inhalte beziehen.

Für eine Organisationsgestaltung bedeutet das, dass für die Entwicklung eines effektiven und effizienten Anreizsystems besonders solche Anreize, die sich in großem Maße auf den Arbeitsinhalt beziehen, unabdingbar sind. Herzberg sagt, dass fast ausschließlich Faktoren, die in Zusammenhang mit der Arbeit an sich stehen einen Mitarbeiter in zufriedenstellendem Maße motivieren. Die extrinsischen Anreize müssen hingegen nur als Grundlage gesehen werden, die ausschließlich dazu dient, dass ein Mitarbeiter nicht unzufrieden wird.

3.2.4 Prozesstheorien der Motivation

3.2.4.1 Zieltheorie nach Locke

Bezüglich der Wirkung von Zielen gibt es einen großen Teil an Forschungsergebnissen, welche immer wieder eine Erkenntnis hervorbrachten: Ziele spielen für die Erreichung der gewünschten Ergebnisse eine ganz zentrale Rolle. Sie besitzen Informationscharakter und sind Orientierungshilfe auf dem Weg zum gesetzten Ziel. Wann aber haben Ziele eine Wirkung auf die Motivation?[70] Die Grundidee von John Locke's Zieltheorie ist, dass für die Arbeitsmotivation die Ziele des Mitarbeiters ganz entscheidend sind. Die Zielsetzung eines Mitarbeiters führt zu einer Motivationsentwicklung, da er die aufgebaute Spannung, die durch die Zielsetzung ausgelöst wurde, mit seinem Verhalten abbauen möchte. Ferner betrachtet Locke die gesetzten Ziele als Vermittler von Anreizeffekten auf die Arbeitsleistung.[71]

Innerhalb der Zielsetzungstheorie wird ein Zusammenhang zwischen Zielen, Motivation, Leistung und Feedback hergestellt. Ziele beeinflussen die Motivation in

---

[70] Vgl. Rosenstiel 2015, S. 149
[71] Vgl. Zaunmüller 2005, S. 62

Bezug auf die Richtung, Intensität und Beständigkeit des Handelns positiv und tragen deshalb zu einer erhöhten Leistungsbereitschaft der Mitarbeiter bei. Die Motivationsstärke ist dabei von zwei wesentlichen Einflussfaktoren abhängig, nämlich zum einen vom Schwierigkeitsgrad des Ziels und zum anderen von der Zielgenauigkeit:

- Schwierigkeit des Ziels: Die Ziel-Schwierigkeit gibt an, wie anspruchsvoll und schwierig die Erreichung des Ziels ist. Dabei stellt Locke die These auf, dass Menschen sich mehr Mühe geben, wenn ein Ziel besonders schwer zu erreichen ist.

- Genauigkeit des Ziels: Die Zielgenauigkeit gibt an, wie exakt und eindeutig ein Ziel definiert ist. Ziele sollten mit einem hohen Maß an Klarheit formuliert werden.

Ein Beispiel zur Klarheit von Zielen: „Das Unternehmen möchte international expandieren." Diese Zielformulierung bietet zwar eine grobe Orientierung, wohin der Weg gehen soll, für ein einheitliches Verständnis bezüglich des Weges dorthin und des Ziels an sich ist diese Formulierung jedoch zu unpräzise. Besser wäre: „Das Unternehmens möchte in den nächsten drei Jahren international expandieren, im Fokus steht hier der asiatische Wirtschaftsraum mit den Ländern China, Singapur und Vietnam. Das Unternehmen möchte in diesen Ländern 25% seines Umsatzes realisieren."

Mit Bezug auf die Einflussfaktoren muss jedoch berücksichtigt werden, dass es für eine anvisierte Motivationssteigerung einige Voraussetzungen gibt, um die Arbeitsleistung der Mitarbeiter tatsächlich zu steigern. Die Ziele sollten nicht nur einen gewissen Schwierigkeitsgrad aufweisen und präzise formuliert sein, sondern müssen auch vom Mitarbeiter akzeptiert werden. Außerdem sollte der Mitarbeiter sich mit den Zielen identifizieren können. Damit das gelingt, dürfen die Ziele nicht unerreichbar sein. Die Einbeziehung der Mitarbeiter bei der Zielformulierung ist ein probates Mittel, um dessen Akzeptanz und Identifizierung zu gewährleisten.

Nach Locke gibt es zwei weitere Determinanten, welche Einfluss auf die Arbeitsleistung eines Menschen haben. Dazu gehören zum einen die individuellen Fähigkeiten der Person und zum anderen eine Rückmeldung an diese, bzw. eine Beurteilung der erbrachten Leistung in Form eines Feedbacks. Besitzt ein Mitarbeiter nicht die Fähigkeiten und Kenntnisse die notwendig sind um die ausgegebenen Ziele zu erreichen, hilft auch keine Motivation zur Steigerung der Leistung. Bezüglich des Feedbacks sagt Locke, das ein angemessenes Feedback zu einer erhöhten Motivation führt, da durch die Analyse der bereits erbrachten Leistung eine Korrektur der zukünftigen Arbeitsweise stattfinden kann. Dadurch wird die Arbeit des Mitarbeiters fehlerfreier und effizienter.[72]

3.2.4.2 Valenz - Instrumentalitäts – Erwartungs - Theorie nach Vroom

Die VIE-Theorie des bekannten kanadischen Psychologen Victor Vroom gehört zu den Erwartungstheorien der Motivationsforschung. Im Fokus der Theorie sind Anreiz und Beitrag, es werden Fragen hinsichtlich Arbeitsleistung und Arbeitsmotivation behandelt. Der Name der Theorie beinhaltet die Begriffe Valenz und Erwartung. Mit der Erwartung ist die Stärke der Tendenz zu einem Verhalten gemeint. Diese ist abhängig von der eingeschätzten subjektiven Wahrscheinlichkeit, mit der das Verhalten zu einem Ergebnis führt. Die Valenz bezeichnet die Attraktivität des Ergebnisses.[73] Eine weitere Komponente ist die Instrumentalität, welche die Frage der Handlungsfolgen beantwortet. Alle drei Komponenten werden mit Hilfe von Werten in Form von Zahlen bewertet. Im Folgenden werden die drei zentralen Einflussfaktoren der VIE - Theorie dargestellt:

1. Erwartung: Handlungen → Ergebnis.

Eintrittswahrscheinlichkeit des Ergebnisses. Die vom Mitarbeiter eingeschätzte Wahrscheinlichkeit, dass seine gezielten Handlungsaktivitäten zu einem bestimmten Ergebnis führen.

2. Instrumentalität: Handlungen → Ergebnis → Konsequenzen

Führt der Mitarbeiter eine Handlung durch, hat das meist nicht nur eine, sondern mehrere Folgen. Diese können sowohl negativ als auch positiv bewertet werden. Das erwartete Endergebnis könnte also durch verschiedenartige Konsequenzen der Zwischenhandlungen beeinflusst werden.

3. Valenz: Subjektiver eingeschätzter Wert des Ergebnisses.

Die Valenz beschreibt den Anreizwert und beantwortet die Frage des Mitarbeiters, wie attraktiv der gebotene Anreiz für ihn ist.[74]

---

[72] Vgl. Hungenberg und Wulf 2015, S. 253

[73] Vgl. Wolf 2007, S. 171

[74] Vgl. Hentze 2005, S.131

Oft herrscht eine gewisse Unklarheit darüber, was die Unterschiede zwischen Erwartung und Instrumentalität sind. Um zusätzliche Klarheit über den Inhalt der VIE-Theorie zu schaffen, wird eine zusätzliche Darstellung der Theorie dargestellt. Grundannahme der VIE-Theorie ist, dass Motivation zu einer Bereitschaft führt, sich im Sinne der Zielerreichung anzustrengen.

Hungenberg bezeichnet die drei Kernkomponenten Vrooms als Anstrengungs-Leistungs-Erwartung, Leistungs-Ergebnis-Erwartung und Wertigkeit des Ergebnisses. Die Intensität der Motivation hängt von diesen drei Faktoren ab. Hierzu folgendes Schaubild zum besseren Verständnis.

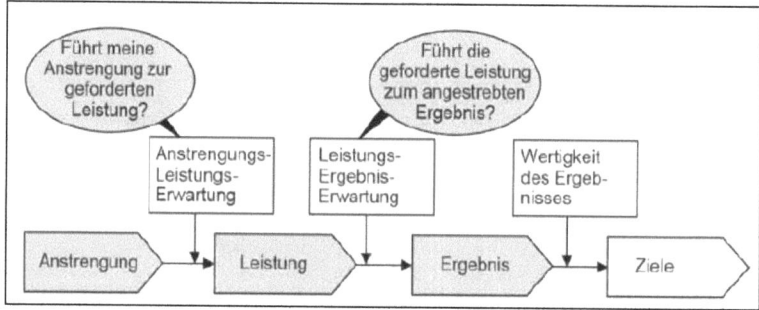

Abbildung 7: Handlungsabfolge und Zusammenhänge der Einflussfaktoren in Bezug auf die VIE – Theorie.[75]

Die Anstrengungs-Leistungs-Erwartung bezieht sich auf die subjektive Einschätzung des Menschen, als wie wahrscheinlich er es empfindet, dass eine große Anstrengung zu einer hohen Leistung führen wird. Der Erwartungswert kann einen Wert zwischen 0 und 1 annehmen. Ist der Erwartungswert hoch, bedeutet das eine Überzeugung des Mitarbeiters, dass seine Anstrengungen zu einer guten Leistung führen.

Die Leistungs-Ergebnis-Erwartung bezieht sich auf die subjektive Einschätzung des Mitarbeiters, als wie wahrscheinlich er es empfindet, dass seine zu erbringende Leistung auch zum gewünschten Ergebnis führt. Die Wahrscheinlichkeit nimmt einen Wert zwischen 0 und 1 an. Wird dieser Faktor mit 0 bewertet, ist die Erwartungshaltung negativ. Der Mitarbeiter glaubt, seine Leistung wird nicht zum anvisierten Ergebnis führen, er sieht keinen Bezug zwischen Leistung und Ergeb-

---

[75] Hungenberg und Wulf 2015, Grundlagen der Unternehmensführung, S. 250

nis. Ist die Erwartungshaltung jedoch hoch und wird mit 1 bewertet, glaubt der Mitarbeiter an eine durch seine Leistung bedingte Realisierung der Ziele. Beispielsweise muss ein Einkäufer wissen, dass wenn er bei der Beschaffung von Rohmaterial höhere Einsparungen durch Verhandlungsgeschick erzielen kann, seine Entlohnung folglich höher ausfällt.

Die Wertigkeit des Ergebnisses bezieht sich auf die Evaluierung aller möglichen Konsequenzen, die der Mitarbeiter durch seine Handlungsaktivitäten erwartet. Er wägt ab, ob das zu erwartende Endergebnis genügend Anreizcharakter für ihn besitzt. Jede Leistung zieht Folgeerscheinungen nach sich. Befriedigen diese Folgeerscheinungen die Bedürfnisse eines Mitarbeiters, so nimmt die Wertigkeit des Ergebnisses einen positiven Wert an. Der Mitarbeiter wird demzufolge versuchen, durch seine Leistung zum gewünschten Ergebnis zu kommen. Die Komponente Wertigkeit des Ergebnisses ist die Einzige, die auch einen negativen Wert annehmen kann, nämlich dann wenn das zu erwartende Ergebnis keinen Anreiz für den Mitarbeiter darstellt. Ist der Mitarbeiter dem Ergebnis neutral gegenüber eingestellt, so wird seine Einstellung mit null bewertet. Bezüglich der Wertigkeit evaluiert der Mitarbeiter alle möglichen Konsequenzen seiner Handlung, nicht nur das gewünschte Endergebnis.

Motivation entsteht, wenn alle drei Kriterien erfüllt sind und somit positiv bewertet werden. Je mehr sich die Werte der eins annähern, desto höher die Wahrscheinlichkeit einer Motivationsentstehung.

Sind alle drei Kriterien angemessen erfüllt, geht der Mitarbeiter zum einen von einer hohen Leistung durch seine Anstrengungen aus, zum anderen ist er überzeugt, dass seine Leistung zum gewünschten Ergebnis führt, er sieht einen Zusammenhang zwischen seiner zu erbringenden Leistung und dem gewünschten Ergebnis. Schließlich sollte noch die Summe der eingeschätzten Wertigkeiten mit Blick auf die Konsequenzen positiv sein, in diesem Fall überwiegen die positiv bewerteten Folgen. Die Wertigkeit des Ergebnisses ist sehr individuell und es kommt dabei immer auf den jeweiligen Menschen an.[76]

In Bezug auf Anreizsysteme lässt sich folgern, dass Anreizsysteme möglichst flexibel gestaltet werden sollten, immer mit Blick auf die jeweiligen Mitarbeiter. Je individueller ein Anreizsystem ausgestaltet wird, desto gezielter können die Be-

---

[76] Vgl. Hungenberg und Wulf 2015, S. 251

dürfnisse der Mitarbeiter befriedigt werden, was Grundlage für die Entwicklung einer Motivation ist. Wenn die gebotenen Ergebnisse für den Mitarbeiter einen Anreizcharakter aufweisen, und er den Zusammenhang zwischen Leistung und Entlohnung erkennt und von einem Nutzen seiner Anstrengungen ausgeht, sind angemessene Voraussetzungen für die Entstehung einer Motivation gegeben.

3.2.5 Zusammenhänge zwischen Motivation, Anreiz und Motiv

Von besonderem Interesse für Unternehmen ist die Frage, warum manche Menschen ein deutlich höheres Maß an Motivation aufweisen als andere. Untersuchungen ergaben, dass Motivation nicht abhängig von den persönlichen Eigenschaften ist, sondern vielmehr ein Ergebnis eines Wechselspiels zwischen den Motiven einer Person und den Anreizen die in der jeweils vorhandenen Situation subjektiv wahrgenommen werden.[77] Der Begriff Anreiz lässt bereits auf eine instrumentelle Funktion innerhalb des Anreizsystems schließen, gemeint sind Belohnungen und das damit zusammenhängende, angestrebte Mitarbeiterverhalten. Das grundlegende Problem bei der Auswahl der Anreize ist die Eignung, um das Mitarbeiterverhalten in die gewünschte Richtung zu steuern.[78]

Von einem Motiv ist die Rede, wenn man Ursache und Hintergrund für ein bestimmtes Verhalten betrachtet. Begriffe die mit dem Wort Motiv gleichgesetzt werden können, sind beispielsweise Bedürfnis, Wunsch, Drang oder Vorliebe. In einer konkreten Situation entsteht aus dem Zusammenspiel verschiedener aktivierter Motive das Verhalten des Akteurs, was dann als Motivation bezeichnet wird.[79] Das Motiv beantwortet die Frage, weshalb sich Menschen in konkreten Situationen unter ähnlichen Bedingungen anders verhalten als ihre Mitmenschen. Im Gegensatz dazu gibt die Motivation Auskunft darüber, warum bestimmte Bedingungen und Szenarien für gewisse Personen einen Anreizcharakter zum Handeln aufweisen.[80] Die Herkunft von Motiven lässt sich grob in zwei Arten untergliedern: Zum einen gibt es implizite Motive, zum anderen explizit geprägte Motive. Ersteres sind Motive, die in der frühen Kindheit erlernt werden (z.B. Erziehung, Umwelteinflüsse, Erlebnisse) und emotionale Merkmale aufweisen. Im Ge-

---

[77] Vgl. Hungenberg und Wulf 2015, S. 238

[78] Vgl. Scherm 2004, S. 679

[79] Vgl. Rosenstiel 2015, S. 6

[80] Vgl. Hentze 2005, S. 104 - 105

gensatz dazu sind explizite Motive solche, die sich eine Person in Form von Werten und Zielen selbst zuschreibt.[81]

In Abbildung 4 werden die erklärten Zusammenhänge graphisch dargestellt.

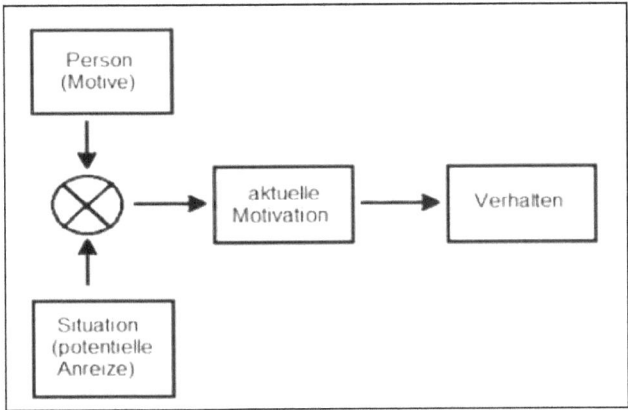

Abbildung 8: Zusammenhang zwischen Motiv, Anreiz, Motivation und Verhalten.[82]

Aus der Kombination von Anreiz und Motiv resultiert eine Motivation, welche eine zielorientierte Handlung des Akteurs auslöst. Motiv und Anreiz können auch als Personen- und Situationsfaktor bezeichnet werden, da sich das Motiv aus der betreffenden Person ergibt und die Situation den Anreiz bietet. Ist einer der beiden Faktoren nicht vorhanden, genügt das bereits für eine Verhinderung der Motivationsentwicklung. Ist die Motivation in ausreichendem Maße aktiviert, führt das zu einer gezielten Handlungsmaßnahme, mit dem Ziel die Bedürfnisse des Akteurs zu befriedigen.[83] Wie bereits erwähnt, führt nicht jede aktivierte Motivation zu einer Handlung. Damit es zu einer Handlung kommt, muss sich erst eine Handlungsintention entwickeln. Die beiden Schritte Handlungsintention und Initiierung der Handlung werden Volition genannt.[84] Die Höhe der Motivation wird durch die Verknüpfung von Motiven und Anreizen bestimmt. Im positiven Sinne kann Arbeitsmotivation erst dann entstehen, wenn „dieser wechselseitige Prozess von Person und Umwelt zum Tragen kommt und die intrinsischen Motive einer

---

[81] Vgl. Heckhausen 2010, S. 5

[82] Rothermund und Eder 2011, Allgemeine Psychologie Motivation und Emotion, S. 93

[83] Vgl. Rothermund und Eder 2011, S.93

[84] Vgl. Krieg 2013, S. 64

Person mit entsprechenden thematischen Motivierungspotenzialen zusammen-wirken."[85]

3.3 Intrinsische und extrinsische Motivation

3.3.1 Extrinsische Motivation

Maier definiert die extrinsische Motivation als „Zustand, bei dem wegen äußerer Gründe, d.h. wegen der Konsequenzen der Handlungsergebnisse (z.B. positive Personalbeurteilung, Gehaltssteigerung etc.), gehandelt wird."[86] Hacker schreibt dazu: "Extrinsische Motivation liegt dagegen vor, wenn die Tätigkeit bzw. ihr un-mittelbares Ergebnis ein austauschbares Mittel zu einem anderen Zweck ist."[87] Die extrinsische Motivation dient einer mittelbaren Befriedigung der Bedürfnisse. Die Handlung ist auf ein konkretes Ziel abgerichtet. Das Erreichen des Ziels führt zu einer von der Handlung unabhängigen Bedürfnisbefriedigung.[88]

Zur Aktivierung extrinsischer Motivation stehen von außen wirkende Beloh-nungsinstrumente zur Verfügung. Seit der Veröffentlichung der Zwei-Faktoren-Theorie durch Herzberg ist bekannt, dass viele extrinsische Anreize aber eher kurzfristig wirken und nicht nachhaltig motivieren.[89] Gewiss gibt es Unterschiede bezüglich der Wirkungsdauer von Anreizen. Immaterielle Anreize wirken hierbei tendenziell langfristiger als materielle. Kurzfristige Anreize werden relativ schnell als Selbstverständlichkeit betrachtet.[90]

Als einen Kritikpunkt bezüglich externer Anreize nennt Sprenger variable Vergü-tungssysteme. Immer öfter verwenden Unternehmen eine variable Vergütungs-komponente, mit dem Ziel ihre Mitarbeiter zu motivieren. Sprenger bezeichnet ein solches Verhalten als „Symbol der Abwertung", die Entlohnung wird in Abhän-gigkeit der Leistung bemessen. Das zeugt von einem Misstrauen des Unterneh-mens gegenüber der Leistungsbereitschaft ihrer Mitarbeiter. Des Weiteren be-merkt Sprenger, dass Belohnung die Kreativität der Mitarbeiter zerstört. Der

---

[85] Tracht 2014, S. 16
[86] Maier 2016a, Online
[87] Vgl. Hacker und Sachse 2014, S. 233
[88] Vgl. Kunz 2011, S. 2
[89] Vgl. Lüthy und Ehret 2013, S. 85-86
[90] Vgl. Albs 2005, S. 49

Grund ist ein ganz einfacher: Belohnung drängt Menschen dazu, die Aufgaben schnell und einfach zu lösen.[91]

Letztes Jahr gab der Vorstandsvorsitzende von Bosch, Volkmar Denner, bekannt, dass Extrazahlungen, die an individuelle Leistungen der Mitarbeiter gekoppelt sind, entfallen werden. Stattdessen werde man die Prämien an den Erfolg des Unternehmens koppeln. Als Grund nannte Denner Studien, die belegen, dass nur mit Geld geförderte Motivation nicht bessere, sondern schlechtere Leistungen nach sich zieht. Außerdem kann Geld demotivierend wirken.[92]

Trotz der Kritik sind extrinsische Anreize unverzichtbar. Man denke innerhalb der Zwei-Faktoren-Theorie von Herzberg etwa an die Hygienefaktoren, welche bei erfolgreichem Einsatz die Nicht-Unzufriedenheit der Mitarbeiter gewährleisten. Außerdem sollte mit Blick auf die Prinzipal-Agent-Theorie das Problem der Interessendivergenz gelöst werden, was ohne die Verwendung extrinsischer Anreize vermutlich schwierig wäre.

3.3.2 Intrinsische Motivation

Die intrinsische Motivation entsteht aus einem inneren Antrieb. Dazu schreibt Michel: „Im Gegensatz zur extrinsischen Motivation, die auf externer Belohnung basiert, ist es bei intrinsischer Motivation die Tätigkeit selbst, die die ausführende Person motiviert. Intrinsische Motivation beruht auf dem eigenen Antrieb und in der Sache liegenden Anreizen. (...). Intrinsisch motivierte Aktivitäten werden ihrer willen selbst ausgeführt und nicht mit dem Ziel, belohnt zu werden. Sie lassen sich als Tätigkeiten beschreiben, für die es außer der Durchführung der Tätigkeit keine ersichtliche Belohnung gibt"[93] Eine oft in Zusammenhang mit intrinsischer Motivation erwähnte Theorie ist die Selbstdeterminierungstheorie von Deci und Ryan, bei der Kompetenz, Verbundenheit und Autonomie als wichtige innere Antriebskräfte begründet werden.[94] Die inhärente Befriedigung entsteht durch die Aktivität an sich, ihre Konsequenzen spielen bei der Motivationsentwicklung keine Rolle.[95]

---

[91] Vgl. Sprenger 2010, S. 112
[92] Vgl. Meck 2015, Online
[93] Michelis 2009, S. 70
[94] Vgl. Landes und Steiner 2013, S. 109
[95] Vgl. Michelis 2009, S. 71

Das Erreichen eines inneren Antriebs ist die wichtigste Motivationsquelle, eine unmittelbare Bedürfnisbefriedigung wird erreicht, wenn die Tätigkeit an sich Freude und Spaß bereitet.[96]

Mistele und Kripal kamen bei ihrer empirischen Studie zu dem Ergebnis, dass das Mitarbeiterengagement bezüglich ihrer Aufgaben und den Zielen eines Unternehmens besonders durch eine intrinsische Motivation gefördert wird.[97]

3.3.3 Die Wirkung extrinsischer Anreize auf die intrinsische Motivation

Das bekannteste Phänomen mit Blick auf die Beziehung der Motivationsquellen ist der sogenannte Korrumpierungseffekt, der oft auch als „Crowding – Out – Effekt" bezeichnet wird. Dabei steht der Verdrängungseffekt intrinsischer Motivation durch extrinsische Anreize im Mittelpunkt. Die Kernfrage lautet: Unter welchen Vorrausetzungen entwickeln extrinsische Anreize eine abmindernde Wirkung auf die intrinsische Motivation?[98]

Bedeutend ist, „(...) ob das Ergebnis kausal mit dem eigenen Verhalten verbunden ist (Kontrollüberzeugung) oder durch externe Effekte bewirkt wird."[99] Ein Arbeitsanreiz kann auf Mitarbeiter entweder eine informierende oder eine kontrollierende Wirkung haben, dabei kommt es auf die subjektive Wahrnehmung an. Wenn der Mitarbeiter extrinsische Anreize als für ihn unterstützend und informativ erlebt, kann seine intrinsische Motivation dadurch gar gefördert werden. Der Grund hierfür ist folgender: Da sich seine erhaltenen Informationen auf seine eigens erbrachte Leistung und Ergebnisse beziehen, sieht er sich selbst dafür verantwortlich. Das Ergebnis ist die Folge seiner eigens gewählten, autonom durchgeführten Handlungsentscheidungen. Nimmt er extrinsische Anreize jedoch als kontrollierend wahr, wirkt sich das negativ auf seine intrinsische Motivation aus, und der Verdrängungseffekt setzt ein. Der Mitarbeiter sieht die Ursachen für sein geleistetes Ergebnis in den Folgen externen Drucks, er empfindet keinen Zusammenhang zwischen seiner eigenen Tüchtigkeit und seinem Ergebnis.[100]

---

[96] Vgl. Benedikt 2006, Online
[97] Vgl. Mistele und Kripal 2006, S. 20
[98] Vgl. Jost 2000, S. 504
[99] Lindert 2001, S. 237
[100] Vgl. Jost 2000, S. 505

4 Nutzen von Anreizsystemen

4.1 Grundlagen zum Nutzen von Anreizsystemen

4.1.1 Einordnung und Aktualität

Was für einen Nutzen können Unternehmen aus der Verwendung von Anreizsystemen und der damit verbundenen Motivationssteigerung ziehen?

Ende März dieses Jahres war im Handelsblatt folgender Artikel zu lesen:

„Motivierte Mitarbeiter, mehr Gewinn? (...) Zufriedene Mitarbeiter sind viel Wert – womöglich Millionen von Euro. Das gilt zumindest für einen internationalen Konzern wie SAP: Der Softwarehersteller hat heute seinen integrierten Jahresbericht vorgelegt, der neben Umsatz, Gewinn und Forschungsausgaben auch gesundheitliche Faktoren, das Mitarbeiterengagement und die CO2-Einsparungen auflistet. „Die positive Entwicklung dieser Faktoren hat unser Ergebnis verbessert", sagt Peter Rasper, kaufmännischer Leiter der SAP. Kalkulatorisch liegt der Effekt bei rund 200 Millionen Euro." (...) Informationen über Mitarbeiterzufriedenheit und andere Faktoren gelten in Fachkreisen inzwischen als wichtige Faktoren, um eine Firma zu beurteilen."[101] Besonders in Zeiten von Personalknappheit sind Anreizsysteme wichtige Instrumente zur Bindung und Motivation von Mitarbeitern. Unternehmen die ein erfolgreich funktionierendes Anreizsystem bieten, haben weniger Schwierigkeiten bei der Suche nach neuem Personal.[102]

Einer der entscheidenden Faktoren, die das Leistungsergebnis steigern und die Leistungsfähigkeit eines Unternehmens langfristig sichern, ist die Personalentwicklung. Während bei einer Befragung von Personalleitern in den 80er Jahren die Aktivierung der Mitarbeiter lediglich 59% als eine der Kernaufgaben sahen, waren es ein Jahrzehnt später bereits 86%.[103]

Motivation als einer der weichen Faktoren ist schwierig messbar. Betriebswirtschaftlich gesehen spiegelt sich der Unternehmenserfolg zwar in den Finanz-, Produktions- und Verkaufszahlen, abhängig ist dieser Erfolg jedoch unter anderem von der Motivationsstärke. Ein langfristiger Erfolg ist ohne motivierte Mitar-

---

[101] Kerkmann 2016, Online
[102] Vgl. Sebald et al. 2008, S. 4
[103] Vgl. Hohlbaum und Olesch 2008, S. 314

beiter nicht möglich. Möchte ein Unternehmen dauerhaft erfolgsversprechend wirtschaften, spielen die weichen Faktoren eine unverzichtbare Rolle.[104] Motivation gehört zudem zu den entscheidenden Einflussgrößen auf die Produktivität eines Unternehmens.[105] Eine Studie der Unternehmensberatung McKinsey kam im Jahr 2012 zu einem die vorangegangenen These stützenden Ergebnis. Unternehmen, in denen ein hohes Maß an Mitarbeitermotivation herrscht, gehören mit einer Wahrscheinlichkeit von 60% zu den wirtschaftlich gesündesten Unternehmen.[106]

4.1.2 Prinzipal-Agent-Theorie

Die Prinzipal-Agent-Theorie liefert Antworten auf die Frage, weshalb Anreize in jeglicher Hinsicht (z.B. Zielerreichung, Erfolg) unverzichtbar für den Erfolg eines Unternehmens sind. Mithilfe dieser Theorie soll die Beziehung zwischen den Eigentümern und den Mitarbeitern als Stakeholder mit Bezug auf Anreizsysteme beleuchtet werden. Eine Prinzipal-Agenten-Beziehung ergibt sich aus dem Verhältnis zwischen zwei oder mehreren Parteien, bei dem mindestens eine Partei der Anderen Verantwortung überträgt.[107] Das Kernproblem des Prinzipals ist die stark eingeschränkte Kontrolle über sein Eigentum. Das mit dem Eigentum zu realisierende, erwünschte Ergebnis des Prinzipals ist von den Aktionen des Agenten sowie von einer stochastischen Umweltgröße abhängig.[108] Der Prinzipal möchte mithilfe von Anreizsystemen zwei auftretenden Erschwernissen entgegnen: Der Interessensdivergenz und der Informationsasymmetrie. Zwischen Agent und Prinzipal besteht eine sogenannte Interessensdivergenz, beide Parteien verfolgen unterschiedliche Interessen und Ziele, wobei jede Partei nach einer Eigennutzmaximierung strebt. Hierbei liegt der Fokus des Prinzipals auf Erträgen und einer Wertsteigerung seines Vermögens, während der Agent bei möglichst geringem Arbeitseinsatz eine höchstmögliche Entlohnung beabsichtigt. Der Agent handelt nur dann im Sinne des Prinzipals, wenn er für seine Tätigkeit auf eine Art und Weise entlohnt wird, bei der er einen klaren Nutzen erkennt.[109] Die zweite

---

[104] Vgl. Albs 2005, S. 253
[105] Vgl. Hauser et al. 2005, S. 47
[106] Vgl. David 2013, Online
[107] Vgl. Welker 2012, S. 11
[108] Vgl. Müller 2016, S. 116
[109] Vgl. Wiedmann 2006, S. 275-276

Erschwernis liegt in der fehlenden Beobachtungs- bzw. Überwachungsmöglichkeit des Prinzipals. Es liegt eine asymmetrische Informationsverteilung vor, bei der der Agent einen Informationsvorsprung gegenüber dem Prinzipal aufweist. Er besitzt deutlich umfangreichere Informationen über die Lage des Unternehmens. Der Prinzipal sollte innerhalb der Vertragsgestaltung die Anreizbedingungen des Agenten wahrnehmen.[110] Mit Blick auf die Informationsasymmetrie gibt es drei verschiedene Ausprägungen. Dazu gehören die Hidden Characteristics, Hidden Information und Hidden Action. Von besonderer Bedeutung für uns ist die Hidden Action, da Unternehmen Informationsasymmetrien dieser Art unter anderem mit Anreizsystemen entgegnen. Das Phänomen der Hidden Action entsteht im Zeitraum nach Abschluss des Vertrages zwischen Prinzipal und Agent. Der Prinzipal hat keine bzw. nur sehr eingeschränkte Möglichkeiten, das Verhalten des Agenten zu beobachten. Die Erklärung liegt auf der Hand: Es liegt in vielen Fällen eine geographische Distanz zwischen Prinzipal und Agent, ist der Prinzipal jedoch vor Ort anwesend, hat er Schwierigkeiten die Verhaltensweisen des Agenten nachzuvollziehen und zu bewerten. Der Prinzipal besitzt zwar Kenntnis über das gesamte Entscheidungsmodell des Agenten und kann somit auch Rückschlüsse auf die Transformationsbeziehungen zwischen Aktion, Störgröße und Ergebnis ziehen, jedoch bleibt ihm das Wissen über die Ausprägungen der exogenen Störgröße verwehrt. Durch die Analyse des erzielten Ergebnisses kann der Prinzipal nur sehr eingeschränkt Rückschlüsse auf die durchgeführten Handlungen des Agenten ziehen. Die Wahl des Agenten hängt hauptsächlichen von seinem zu erwartenden Nutzen ab. Im folgenden Schaubild ist der zeitliche Ablauf der Hidden Action zu sehen.

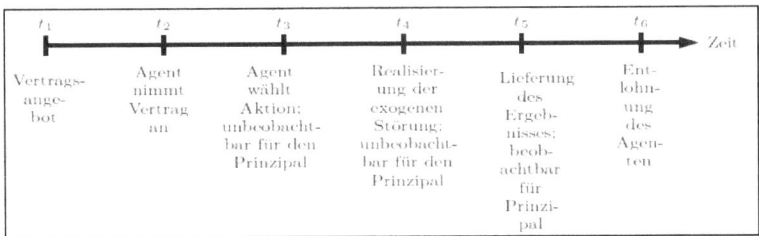

Abbildung 9: Zeitlicher Ablauf der unsichtbaren Verhaltensweisen des Agenten.[111]

---

[110] Vgl. Stebel 2007, S. 33
[111] Müller 2016, Leistungsanreize in der Transportlogistik, S. 124

Zeitlicher Ablauf mit den Zeitpunkten t_x:

- t_1: Prinzipal bietet dem Agent einen Vertrag an.

- t_2 Der Agent entscheidet über die Vertragsannahme. In unserem Fall nimmt er den ausgehandelten Vertrag an.

- t_3: Nach Vertragsannahme führt der Agent seinen Aktionen so aus, dass er eine höchstmögliche Entlohnung erwarten kann. Er zielt auf eine Maximierung seines Eigennutzens ab.

- t_4: Die exogene Störgröße tritt ein. Diese kann vom Prinzipal nicht beobachtet werden.

- t_5: Ergebnis der Arbeit des Agenten ist bekannt, seinen Handlungen sind abgeschlossen. Die Arbeit des Agenten und die externe Störgröße führen zum anvisierten Ergebnis.

- t_6: Entsprechend der ausgehandelten Konditionen im Vertrag wird der Agent für seine Arbeit entlohnt.[112]

Das aus der oben beschriebenen Informationsasymmetrie resultierende Problem nennt sich Moral Hazard. Diesem moralischen Risiko ist der Prinzipal ausgesetzt. Der Schadensfall tritt ein, wenn der Agent aufgrund seiner opportunistischen Verhaltensweise seine übertragenen Entscheidungsrechte im Sinne seiner Eigennutzmaximierung ausnutzt. Er trifft eine Entscheidung, die überwiegend seinem Interesse gilt und die Interessen des Prinzipals nicht berücksichtigt. Aufgrund der informationssymmetrischen Verteilung kann der Prinzipal nicht erkennen, ob der Agent wahrhaftig in seinem Interesse gehandelt hat. Bei einem schlechten Ergebnis wird der Agent versuchen, dieses mit der exogenen Störgröße zu rechtfertigen.[113]

Eine Möglichkeit zur Lösung des Moral-Hazard-Risikos sind Anreizsysteme. Mithilfe von Anreizen kann der Interessenskonflikt zwischen den Parteien reduziert werden. Dabei sollten die Interessen des Agenten auf die des Prinzipals gerichtet und abgestimmt werden. Das bedeutet, dass die Anreize abhängig vom Nutzen

---

[112] Vgl. Müller 2016, S. 120-124
[113] Vgl. Alparslan 2006, S. 27

des Prinzipals konzipiert werden.[114] Die Anreize bewirken eine Erhöhung des Anstrengungsniveaus des Agenten.[115]

Manche Wissenschaftler sind der Meinung, dass Anreizsysteme ein Moral-Hazard-Problem erst entstehen lassen. In diesem Fall kommt es zu einer „adverse selection": Nachdem die Mitarbeiter die Anreizsysteme zu ihren Gunsten formen, konzentriert sich das Unternehmen bei der Mitarbeitersuche auf solche Kandidaten, die zu ihrem System passen.[116]

4.1.3 Einflussfaktoren auf Handlungsergebnisse

Oftmals entsteht im Zusammenhang mit dem Thema Motivation der Eindruck, die Initiierung einer Aktivität und die damit verbundenen Ergebnisse der Mitarbeiter wären ausschließlich von der Stärke der Motivation abhängig. Nebst dem Kriterium der Motivation spielen weitere Faktoren eine wichtige Rolle.

Einer dieser Faktoren ist die Qualifikation des Mitarbeiters, bestehend aus seinen Kenntnissen, Fähigkeiten und Fertigkeiten. Die Fähigkeiten beziehen sich auf die körperliche und geistige Veranlagung, welche nur eingeschränkt und langfristig veränderbar sind. Kenntnisse hingegen basieren auf individuell erlerntem Wissen. Dieses können gezielt erworben werden. Fertigkeiten entstehen aus der Kombination von Fähigkeiten und Kenntnissen. Die Summe aller Qualifikationen beschreibt das Leistungsvermögen eines Mitarbeiters. Weiterer Faktor sind die zur Verfügung stehenden Mittel wie Ausrüstung oder Maschinen. Auch Normen haben einen erheblichen Einfluss auf die Aktivitäten der Mitarbeiter. So wird durch Normen beispielsweise bestimmt, was innerhalb der Rechtsordnung erlaubt ist. Auch moralische oder ethische Verhaltensnormen gehören zu diesem Faktor.[117]

4.1.4 Unternehmenserfolg als Nutzen

Trotz des häufig verwendeten Begriffes Unternehmenserfolg besteht mit Blick auf die Definition wenig Konsens. In der Organisationstheorie bestehen drei unterschiedliche Ansätze zur Einordnung des Begriffes Unternehmenserfolg:

---

[114] Vgl. Alparslan 2006, S. 32
[115] Vgl. Roiger 2007, S. 13
[116] Vgl. Landes und Steiner 2013, S. 636
[117] Vgl. Landes und Steiner 2013, S. 617

- Zielansatz: Erfolg als Grad der Zielerreichung eines Unternehmens.

- Systemansatz: Der Systemansatz berücksichtigt erfolgsperspektivisch gesehen die Umwelt eines Unternehmens. Der Erfolg besteht darin, den langfristigen Fortbestand des Unternehmens zu sichern. Hierfür werden Umweltfaktoren in Form von Lieferanten, Kunden und Wettbewerbern berücksichtigt.

- Interessenspluralistischer Ansatz: Innerhalb dieses Ansatzes werden nicht nur externe Stakeholder berücksichtigt, sondern ebenso interne Stakeholder wie z.B. Mitarbeiter oder Management. Der Unternehmenserfolg wird im Rahmen einer angemessenen Befriedigung aller Stakeholder erreicht, die unterschiedliche Ansprüche bekunden.[118]

Unternehmenserfolg kann auf unterschiedliche Weisen messbar gemacht werden. Im Rahmen der Bachelorarbeit verwenden wir für die Messbarkeit des Unternehmenserfolgs Faktoren, wie z.B. die Fluktuation und die Anzahl der Fehltage, da diese Faktoren für Unternehmen erhebliche Kosten verursachen.[119] Zudem können diese Faktoren als Kennzahl zur Messung von Motivation dienen.[120] Der Verfasser der Bachelorarbeit sieht Studien als besonders geeignet für eine Betrachtung des Zusammenhangs zwischen Motivation und Unternehmenserfolg.

4.2 Indikatoren und Kennzahlen zur Messung von Motivation

4.2.1 Messbarkeit von Motivation

Eine Messung der Motivation ist nur durch eine Kombination mehrerer Kriterien möglich, die eine Kennzahl gibt es nicht. Indikatoren sind beispielsweise Fehltage, Arbeitszeitflexibilität, Fehlerquote, Fluktuation oder Anzahl der eingebrachten Verbesserungsvorschläge.

4.2.2 Anzahl der Fehltage

Bei der Betrachtung der Fehlzeitenquote durch krankheitsbedingte Arbeitsunfähigkeit gibt es eine Faustregel: Etwa ein Drittel der krankheitsbedingten Abwesenheiten entsteht durch einen Mangel an Motivation. Dieses Motivationsdefizit

---

[118] Vgl. Schönbucher 2010, S. 20
[119] Vgl. Hauser et al. 2005, S. 49
[120] Vgl. Albs 2005, S. 243

kann verschiedene Gründe haben, beispielsweise fehlende Anerkennung oder Unzufriedenheit über den Arbeitsinhalt.[121]

Im Gegensatz zu Mitarbeitern mit geringer emotionaler Bindung und einer durchschnittlichen Fehlzeit von 7,2 Tagen weisen motivierte Mitarbeiter mit einer durchschnittlichen Fehlzeit von nur 4,1 Tagen einen aus Unternehmenssicht günstigeren Wert auf. Aus Daten des Bundesamts für Statistik geht hervor, dass Unternehmen pro Fehltag durchschnittliche Kosten in Höhe von 235€ entstehen.[122]

4.2.3 Arbeitszeitenflexibilität

Bei der Arbeitszeitenflexibilität geht es um die Bereitschaft des Mitarbeiters, seine Arbeitszeiten flexibel zu gestalten. Fehlt diese Bereitschaft, kann das auf einen Mangel an Motivation hinweisen.

Die Verweigerung der Arbeitszeitenflexibilität kann in unterschiedlichen Situationen erkannt werden. Beispielsweise, wenn der Mitarbeiter trotz Kundentermin auf seiner Pause besteht oder, wenn er nicht bereit ist, seine Arbeitsleistung kurzfristig zu einem anderen Zeitpunkt zu erbringen.

4.2.4 Fehlerquote

Eine hohe Fehlerquote kann im Regelfall drei Arten von Ursachen haben, dazu gehören Schwächen im System, technisch bedingte Fehler oder Fehler, die durch das Fehlen hinreichender Motivation entstehen. Es wird angenommen, dass fehlende Motivation den größten Effekt auf die Höhe der Fehlerquote hat. Besonders häufig entstehen beispielsweise Fehler, wenn dem Mitarbeiter die Qualität gleichgültig ist und er mit der Arbeit schnellstmöglich fertig werden möchte.

4.2.5 Fluktuation

Malte definiert Fluktuation als „(...) allgemeine Personalschwankungen oder -bewegungen. Als Kennzahl dient die Fluktuationsrate oder -quote, die als Anzahl der Austritte in einem bestimmten Zeitraum bezogen auf die Anzahl der Personen, die im gleichen Zeitraum beschäftigt waren, definiert ist."[123] Mit Blick auf die

---

[121] Vgl. Albs 2005, S. 243
[122] Vgl. Nink 2014, S. 31
[123] Vgl. Krill 2011, S. 402

motivationsbedingten Ursachen werden nur die vom Arbeitnehmer veranlassten Kündigungen mit einbezogen. Die Ursachen können in fünf Kategorien eingeteilt werden:

- Private oder persönliche Gründe
- Fingierte private oder persönliche Gründe
- Betriebliche Gründe
- Fingierte betriebliche Gründe
- Persönliche Karriereplanung

Möchte man die motivationsbedingten Beweggründe herausfinden, sollte man die erkannten, fingierten Gründe untersuchen, indem man mit dem Mitarbeiter darüber spricht. Als besonders schwierig erweist sich das Erkennen fingierter Gründe, was hauptsächlich Aufgabe der Führungskräfte ist. Der Mitarbeiter wird meist nach Gründen suchen, die eine möglichst schnelle und unproblematische Kündigung versprechen. Zudem sind Führungskräfte oft zeitlich eingebunden und stehen unter Stress, was das Erkennen zusätzlich erschwert.

Eine bestimmte motivationsbedingte Fluktuationsquote ist normal und sollte kein Grund zu Sorge sein. Kein Unternehmen kann den Ansprüchen eines jeden Mitarbeiters gerecht werden. Problematisch wird es erst, wenn die Fluktuationsquote im Vergleich zu anderen regionalen und branchenähnlichen Unternehmen besonders hoch ist. Die Analyse der Fluktuationsquote ist ein wichtiger Indikator zur Messung der Mitarbeitermotivation.[124]

Wechselbereit sind insbesondere Mitarbeiter, die zu ihrem Arbeitgeber keine emotionale Bindung aufgebaut haben. Ein gewisses Maß an Fluktuation kann aber auch neue Räume für talentierte, potenzielle Einsteiger bieten. Eine zu hohe, ungewollte Fluktuation hat jedoch negative Auswirkungen auf ein Unternehmen. Nachteilige Folgen von zu hoher Fluktuation sind unter anderem:

- Negatives Betriebsklima: Der Abgang von zu vielen Mitarbeitern wirkt sich negativ auf das Betriebsklima aus, etwa aufgrund der entstehenden Mehrarbeit oder durch eine persönliche Betroffenheit der Arbeitskollegen.
- Beeinträchtigung der Kundenbeziehungen: Kunden verlangen nach einem Ansprechpartner, der ihnen langfristig zur Verfügung steht.

---

[124] Vgl. Albs 2005, S. 245

- Einstellung eines neuen Mitarbeiters: Die Suche und Einarbeitung eines neuen Mitarbeiters kostet das Unternehmen Zeit und Geld.

- Know-How Verlust: Bei einem Verlust relevanter Kenntnisse und spezifischem Wissen besteht nicht nur das Risiko des Verlustes an sich, sondern auch, dass der betroffene Mitarbeiter zu einem Mitbewerber wechselt.

- Imageverlust: Bei zu hoher Fluktuation besteht die Gefahr eines Imageverlustes durch negative Mund-zu-Mund-Propaganda.[125]

4.2.6 Innovation

Innovation bezieht sich auf die Schaffung von Neuem. Innovationstarke Unternehmen besitzen die Eigenschaft, bestehende Strukturen und Systeme zu verändern.[126] Manfred schreibt zur Definition des Innovationsbegriffs: „Die Innovationsfähigkeit eines Unternehmens wird als die Fähigkeit verstanden, kontinuierlich und erfolgreich Produkte und/oder Dienstleistungen zum richtigen Zeitpunkt, zu den richtigen Kosten und in der richtigen Qualität auf den Markt zu bringen."[127] Aus dieser Definition wird ersichtlich, wie wichtig der Innovationsfaktor für Unternehmenswachstum- und Erfolg ist. Für eine gelungene Innovationskultur ist erforderlich, dass die Mitarbeiter ihre Arbeit als sinnvoll empfinden.[128]

4.2.7 Anzahl der Verbesserungsvorschläge

Wie unverzichtbar Motivation für die Innovationskraft eines Unternehmens ist, zeigt abermals der Gallup Engagement Index. Dabei geht es anstelle der Suche nach bahnbrechenden neuen Ideen eher um die Motivation des Mitarbeiters, sich durch Verbesserungsvorschläge positiv einzubringen. Ob und wie häufig ein Mitarbeiter Vorschläge, wie etwa zur Optimierung der Arbeitsabläufe oder Prozesse macht, hängt entscheidend von seiner emotionalen Bindung ab. Außerdem zeigte sich, dass motivierte Mitarbeiter auch die besseren Ideen hervorbrachten. Auf die Frage ob ihre Ideen zu zusätzlichen Einsparungen, mehr Umsatz oder zu verbesserter Effizienz des Unternehmens geführt haben, antworteten 86% der Befrag-

---

[125] Vgl. Nink 2014, S. 32

[126] Vgl. Lüken 2016, S. 9

[127] Noé 2013, S. 7

[128] Vgl. Noé 2013, S. 53

ten mit Ja. Innovationen fördern folglich auch die Wettbewerbsfähigkeit eines Unternehmens. Auf die Frage wie der aktuelle Stand bezüglich der Umsetzung ihres Verbesserungsvorschlages sei, antworteten 47% der Teilnehmer, dass ihr Vorschlag bereits umgesetzt worden ist.[129]

Doch nicht nur Verbesserungsvorschläge, sondern auch Kritik sind ein Signal für vorhandene Motivation. Es zeigt, dass ein Mitarbeiter sich für Prozesse und Probleme seines Unternehmens interessiert. Besonders erfolgreiche Unternehmen schaffen es, dass jeder Mitarbeiter durchschnittlich zwei oder mehr Verbesserungsvorschläge pro Jahr einbringt.[130]

4.3 Studien und Forschungsarbeit zum Thema Motivation und Unternehmenserfolg

4.3.1 Gallup Engagement Index

4.3.1.1 Inhalt und Ergebnisse der Studie

Der Gallup Engagement Index ist eine der renommiertesten Studien zur Arbeitsplatzqualität in Deutschland. Die Studie gibt Auskunft über den Grad der emotionalen Bindung zum jeweiligen Arbeitgeber und der damit zusammenhängenden Motivation. Mittlerweile können die Autoren auf einen großen Datensatz zurückgreifen, der auf Befragungen der letzten 13 Jahre beruht.[131] Im Rahmen der Studie wurden über eine Million Beschäftige befragt. Im Fokus der Befragung standen zunächst besonders leistungsstarke Mitarbeiter. Diese wurden gebeten, die für sie relevanten Faktoren für einen Arbeitsplatz mit hoher Qualität zu nennen. [132]

Die Autoren konnten insgesamt zwölf relevante Faktoren identifizieren, die von leistungsstarken Mitarbeitern häufig genannt wurden. Wichtige Faktoren sind unter anderem:

---

[129] Vgl. Nink 2014, S. 40
[130] Vgl. Albs 2005, S. 249
[131] Vgl. Nink 2014, S. 1
[132] Vgl. Nink 2014, S. 26

- „Ich habe bei der Arbeit jeden Tag die Gelegenheit, das zu tun, was ich am besten kann. (...)
- Ich habe in den letzten sieben Tagen für gute Arbeit Anerkennung oder Lob bekommen. (...)
- Bei der Arbeit gibt es jemanden, der meine Entwicklung fördert.
- Bei der Arbeit scheinen meine Meinungen zu zählen.
- Die Ziele und die Unternehmensphilosophie meiner Firma geben mir das Gefühl, dass meine Arbeit wichtig ist.
- Meine Kollegen / Kolleginnen haben einen inneren Antrieb, Arbeit von hoher Qualität zu leisten. (...)
- Während des letzten Jahres hatte ich bei der Arbeit die Gelegenheit, Neues zu lernen und mich weiterzuentwickeln".[133]

Anhand dieser Aussagen konnten die entscheidenden Faktoren zwischen leistungsstarken und leistungsarmen Arbeitsplätzen differenziert werden. Durch die Analyse der Befragung konnte folgendes belegt werden:

- Hygienefaktoren haben einen eher geringen Einfluss auf Bindung und Produktivität des Mitarbeiters. Positiv hingegen wirkte sich die Erfüllung gewisser emotionaler Bedürfnisse aus.
- Hygienefaktoren stellen die Rahmenbedingungen, damit keine Unzufriedenheit aufkommt. Unzufriedenheit wirkt sich negativ auf Mitarbeitergewinnung und -bindung aus. Werden die Hygienefaktoren berücksichtigt, führen sie nicht automatisch zu einer höheren Motivation und Leistungsbereitschaft.

Innerhalb der Studie wurden drei verschiedene Bindungsgruppen identifiziert: Mitarbeiter mit keinerlei emotionaler Bindung, mit geringer emotionaler Bindung und Mitarbeiter mit einer sehr großen emotionalen Bindung. Die Mitarbeiter mit sehr großer emotionaler Bindung hatten eines gemeinsam: Ein Großteil ihrer wichtigsten Bedürfnisse wurden erfüllt. Dieser Teil der Mitarbeiter empfindet einen inneren Antrieb sehr gute Leistungen zu erbringen, was sich positiv auf die Leistung des Unternehmens auswirkte.[134]

---

[133] Nink 2014, S. 25
[134] Vgl. Nink 2014, S. 27

4.3.1.2 Wettbewerbsfaktor emotionale Mitarbeiterbindung und Motivation

Bedingt durch die Zunahme von Transformationsprozessen in Wirtschaft und Gesellschaft werden Mitarbeiter immer öfter als wichtiger strategischer Wettbewerbsfaktor gesehen.[135] Bereits nachgewiesen wurde, dass motivierte Mitarbeiter einen positiven Einfluss auf den Geschäftserfolg eines Unternehmens haben.[136]

Die Leistungs- und Wettbewerbsfähigkeit von Unternehmen hängt außerdem entscheidend von der emotionalen Bindung der Arbeitnehmer ab. Arbeitnehmer mit einer geringen emotionalen Bindung zeigen weniger Eigeninitiative und Leistungsbereitschaft. Erschwerend kommt hinzu, dass sich diese negative Einstellung auf Kollegen auswirkt. Um die negative Einstellung eines gering emotional gebundenen Mitarbeiters positiv zu verändern, bräuchte man vier Mitarbeiter mit gegenteiliger Einstellung. In Deutschland kommen wir momentan auf ein Verhältnis von eins zu eins. Innerhalb der Studie wurden die Kosten ermittelt, die durch die mangelnde emotionale Bindung der Mitarbeiter entstehen. Allein aufgrund die höheren Fehlzeiten entstand der deutschen Wirtschaft im Jahr 2012 ein Schaden von rund 14,3 Mrd. €.

4.3.1.3 Motivierte Mitarbeiter und deren Marketingfunktion

Mitarbeiter sind ein entscheidender Schlüssel für den Unternehmenserfolg – oft wird ihre Marketingwirkung dabei unterschätzt. Sie haben eine Repräsentationsfunktion, durch ihre Verhaltens- und Kommunikationsweise sind sie nicht nur für das Image eines Unternehmens verantwortlich, sondern ebenso für die Bindung bestehender Kunden und den Gewinn neuer Kunden. 63 Prozent der Beschäftigten in Deutschland haben einen Arbeitsplatz, der mit regelmäßigem Kundenkontakt verbunden ist. Lediglich Mitarbeiter, deren Bedürfnisse am Arbeitsplatz berücksichtigt und ausreichend befriedigt werden, können das Markenversprechen überzeugend vertreten und sind auch dazu bereit, als Marketingbotschafter ihres Arbeitgebers zu fungieren.

Hinzu kommt, dass emotional gebundene Mitarbeiter die Produkte ihres Arbeitgebers zusätzlich in ihrem sozialen Umfeld weiterempfehlen. Beim Kauf verlassen sich Kunden bevorzugt auf persönliche Empfehlungen. Außerdem können sich

---

[135] Vgl. Benedikt 2006, Online
[136] Vgl. Sebald et al. 2008, S. 4

Unternehmen durch zufriedene und motivierte Mitarbeiter, gerade in Zeiten eines Fachkräftemangels, als Arbeitgeber attraktiver positionieren.[137]

4.3.2 Forschungsbericht des Bundesministeriums für Arbeit und Soziales

Im Jahr 2005 wurde der Abschlussbericht des Bundesministeriums für Arbeit und Soziales mit dem Titel „Unternehmenskultur, Arbeitsqualität und Mitarbeiterengagement in den Unternehmen in Deutschland" veröffentlicht.

Der Begriff Mitarbeiterengagement besteht mit Blick auf dessen Definition aus drei Aspekten. Zu diesen Aspekten gehört die Bereitschaft des Mitarbeiters, sich über das Unternehmen in der Öffentlichkeit positiv zu äußern, die Bindung des Mitarbeiters an das Unternehmen sowie seine hohe Einsatzbereitschaft.[138]

Die Ausprägungen des Unternehmenserfolges wurden mithilfe von objektiven Kennzahlen sowie durch Einschätzungen von Unternehmensvertretern bewertet. Im Rahmen der objektiven Kennzahlen wurde beispielsweise das EBIT sowie der Umsatz der Unternehmen betrachtet. Die Unternehmensvertreter bewerteten den Erfolg unter anderem mithilfe einer Einschätzung der Gesamtentwicklung in Bezug auf Umsatz und Gewinn. Außerdem wurden die Faktoren Krankenstand und Fluktuation mit einbezogen.

Die Faktoren Mitarbeiterengagement und Unternehmenserfolg wiesen bei der Analyse der empirischen Ergebnisse einen hohen Korrelationswert auf, was auf einen erheblichen Zusammenhang zwischen Mitarbeiterengagement und Unternehmenserfolg schließen lässt.

Letztendlich kam die Forschungsarbeit unter anderem zu dem Ergebnis, dass eine mitarbeiterorientierte Unternehmenskultur bzw. die Qualität des Arbeitsplatzes und das damit verbundene Engagement der Mitarbeiter für den Erfolg des Unternehmens ein großes Potenzial darstellen.[139]

---

[137] Vgl. Nink 2014, S. 48-49
[138] Vgl. Hauser et al. 2005, S. 48
[139] Vgl. Hauser et al. 2005, S. 118-125

4.3.3 Oracle Simply Talent: Einblicke aus westeuropäischer Perspektive

Im Rahmen der Oracle Simply Talent Studie wurde unter anderem untersucht, was für einen geschäftlichen Nutzen das Engagement und die Motivation der Mitarbeiter nach sich zieht. In diesem Zusammenhang monierten die meisten Unternehmen, dass es Schwierigkeiten mit der Messung von Motivation und von Engagement gibt. Viele Unternehmen sehen sich dazu nicht in der Lage. Die Unternehmen, die bei der Studie mit einbezogen wurden, kommen insgesamt aus zwölf verschiedenen Ländern: Großbritannien, Frankreich, Deutschland, die skandinavischen Länder und die Benelux – Länder. Die Studie kam unter anderem zu folgenden Ergebnissen:

- 56 Prozent der Befragten Teilnehmer sahen eine erhöhte Produktivität als Folge von höherer Motivation.

- Wenn Mitarbeiter sich motiviert und engagiert fühlen, ist es weniger wahrscheinlich, dass sie sich Gedanken über einen Arbeitsgeberwechsel machen. Das gaben ganze 37 Prozent der Umfrageteilnehmer an.

- Ein Teil von 35 Prozent gab an, dass Engagement und Motivation sie ermutigen, Verbesserungsvorschläge bezüglich des Unternehmensservices einzubringen.

- Motivierte Mitarbeiter verbessern den Kundenservice. Dieser Ansicht waren etwa 33 Prozent der Befragten.

- Knapp 31 Prozent führten an, sie würden aufgrund eines erhöhten Engagements länger arbeiten würden.

- Lediglich zwei Prozent gaben an, dass durch Engagement und Motivation keinerlei Vorteile für ihr Unternehmen entstünden.[140]

---

[140] Vgl. Oracle Corporation 2015, Online

5 Ausgestaltung von Anreizsystemen in erfolgreich operierenden Unternehmen der Zukunft mit Fokus auf die intrinsische Motivation

5.1 Einordnung und Aktualität

Eine im Jahr 2012 von der HayGroup durchgeführte, repräsentative Umfrage von 18.000 deutschen Arbeitnehmern kam zu folgendem Ergebnis: „Wichtiger als Geld sind für die Motivation weiche Faktoren, wie ein kollegiales Arbeitsumfeld und ein erfüllender Job. Ein angemessenes Gehalt findet sich erst auf Platz drei der Motivatoren. Dicht darauf folgen weitere weiche Faktoren wie eine gute Führungskraft und genügend Entscheidungsfreiräume im Job."[141] Einem Großteil der Befragten ist die Zufriedenheit im Beruf deutlich wichtiger als die Entlohnung. Bezüglich Motivation und Leistungssteigerung kamen die Autoren der Umfrage zu dem Schluss, dass eine Verbesserung dieser Faktoren mithilfe der Unternehmenskultur möglich ist, vor allem durch Investitionen in ein positives Organisationsklima sowie durch kompetente Führungskräfte.[142]

Wie die Studie zeigt, sind für eine Motivationssteigerung insbesondere weiche Faktoren wichtig. Nennenswert ist insbesondere der Faktor „ein erfüllender Job", da sich dieser auf die Aktivierung einer intrinsischen Motivation bezieht. Dadurch motivierte Mitarbeiter sind langfristig leistungsbereiter und erfolgreicher als solche, die ihre Arbeit nur aufgrund extrinsischer Anreize verrichten.[143]

Der durch die Globalisierung zunehmende internationale Wettbewerb zwischen Unternehmen erhöht den Druck auf die Innovationsfähigkeit. Um diesem Druck zu begegnen, ist unter anderem eine Optimierung der Produktivität, mit Blick auf die Mitarbeiter erforderlich. Für eine Erhöhung der Produktivität bei möglichst guter Qualität der Arbeitsergebnisse, setzen Unternehmen beispielsweise auf neue Formen der Arbeitsorganisation, wie etwa eine Mitwirkung bei der Gestaltung der Aufgaben und Strukturen.[144]

---

[141] HayGroup 2012, Online
[142] Vgl. HayGroup 2012, Online
[143] Vgl. Lüthy und Ehret 2013, S. 83
[144] Vgl. Auhagen 2003, S. 318

5.2 Quellen intrinsischer Motivation

5.2.1 Ganzheitlichkeit und Bedeutung der Aufgabe

Eine der Quellen intrinsischer Motivation liegt in der Delegation von ganzheitlichen Aufgaben, bei denen der Mitarbeiter bewusst einen Teil der Verantwortung für den Gesamterfolg eines Projekts bzw. des Unternehmens übernimmt. Der Mitarbeiter soll ein gewisses Zugehörigkeitsgefühl entwickeln. Das erhöht nicht nur die intrinsische Motivation, sondern ebenso die Arbeitszufriedenheit. Mitarbeiter dürfen innerhalb des posttayloristischen Ansatzes eine strukturell geprägte Verantwortung übernehmen, die im Gegensatz zu Systemen, bei denen die Tätigkeiten getrennt und standardisiert werden, nicht vorhanden ist.

Unternehmen die eine hohe Arbeitsleistung ihrer Mitarbeiter anstreben und auch einfordern, müssen den Sinn der Arbeitstätigkeit in den Vordergrund stellen, dieser erlebte Sinn ist eine unverzichtbare Quelle intrinsischer Motivation.[145] Laloux übertrifft diese Sichtweise, indem er mit Bezug auf die Antriebe außergewöhnlicher Leistung sagt, die Mitarbeiter müssen sich vor allem mit einem Sinn verbinden, der größer ist als sie selbst.[146]

Menschen erachten es als wichtig, dass ihre Tätigkeit einem von ihnen akzeptierten Zweck zugutekommt. Je mehr Qualifikationen und Wissen ein Mensch besitzt, desto wichtiger ist ihm dieser aus der Arbeit resultierende Zweck. Er schämt sich, so ergaben einige empirische Analysen, wenn seine Arbeitsergebnisse zu Zwecken genutzt werden, die er ablehnt. Aus diesem Grund sollten Unternehmen aus ethischer Perspektive untersuchen, was für mögliche ethisch und moralisch verwerfliche Nebeneffekte das eigene Geschäftsgebaren verursacht.[147]

Außerdem legen wissenschaftliche Befunde eine Verbindung zwischen Mitarbeitermotivation und nachhaltigkeitsbezogenen Tätigkeiten nahe. Dies hängt möglicherweise damit zusammen, dass Mitarbeiter mit solchen Tätigkeiten die Arbeit als sinnvoll empfinden. Das kann unter anderem mit dem Selbstverwirklichungsbedürfnis oder mit dem Bedürfnis nach persönlichem Wachstum begründet wer-

---

[145] Vgl. Benedikt 2006, Online
[146] Vgl. Laloux 2015, S. 287
[147] Vgl. Comelli et al. 2014, S. 139

den. Je höher der persönliche Wert für die Zielerreichung eines Menschen, desto mehr wird sich das auf seine Motivation positiv auswirken.[148]

Das Bedürfnis des Menschen nach Sinngebung und Selbstverwirklichung wird befriedigt, indem er etwas leistet, was der Gemeinschaft nützt und für ihn persönlich einen bedeutenden Wert besitzt. Durch eine zunehmende Berücksichtigung der intrinsischen Motivation kann außerdem der Ungerechtigkeit begegnet werden, die durch die Tatsache entsteht, dass manche Mitarbeiter Freude an ihrer Tätigkeit erleben und andere wiederum nicht.[149]

5.2.2 Autonomes und selbstverantwortliches Handeln

Im Sinne von autonomem und selbstverantwortlichem Handeln geht es darum, dem Mitarbeiter einen gewissen Grad an Freiheit zu überlassen. Diese Freiheit bezieht sich auf den Entscheidungsspielraum, der einem Mitarbeiter innerhalb seines Verantwortungsbereiches gewährt wird. Dafür sollten genügend Wahlmöglichkeiten zur Verfügung gestellt werden, der Mitarbeiter erfährt ein hohes Maß an Selbstbestimmung, ihm werden Freiräume für Eigeninitiative, Kreativität und freiwilliges Engagement geschaffen.

Dieser Ansatz erfordert gleichzeitig eine Reduktion des bürokratischen Organisationsapparates sowie ein großes Vertrauen in die angestellten Mitarbeiter, vor allem in deren Selbstentfaltungskräfte. In Bezug auf die Motivationsstärke macht es einen Unterschied, ob der Mitarbeiter seine Aufgaben und Verhaltensweisen selbst bestimmt oder ob diese von jemand anderem festgelegt worden sind. Ziele und dessen Bedeutung sollten deshalb ebenfalls vom Mitarbeiter selbst formuliert und bewertet werden.[150]

Im Kontext des selbstverantwortlichen Handelns bezeichnet Hungenberg das Kompetenzmotiv als eines der entscheidenden Motive für die Entfaltung einer intrinsischen Motivation, dieses Motiv äußert sich in der Suche nach Möglichkeiten für eine eigenständige und kreative Gestaltung der Umwelt. Dazu gehört das Bedürfnis nach beruflicher Entfaltung. Die Arbeitsleistung ist stark davon abhängig, wieviel Freiraum und Verantwortung dem Mitarbeiter eingeräumt wird.[151]

---

[148] Vgl. Huber 2014, S. 132
[149] Vgl. Rosenstiel 2015, S. 56-57
[150] Vgl. Benedikt 2006, Online
[151] Vgl. Hungenberg und Wulf 2015, S. 239

Sprenger nennt in seinem Werk einige Faktoren, von denen der überlassene Freiraum eines Mitarbeiters abhängig ist. Dazu gehören unter anderem ein gewisses Maß an Wahlmöglichkeiten, an Selbstbestimmung und Entscheidungsfreiräume, alle Faktoren im Hinblick auf die berufliche Tätigkeit des Mitarbeiters. Ziele eines Mitarbeiters können auf unterschiedliche Art und Weise erreicht werden, es bestehen diesbezüglich verschiedene Wahlmöglichkeiten. Des Weiteren soll das Maß an Regulierung reduziert werden, im Fokus stehen hier Richtlinien, die nicht zwingendermaßen notwendig sind.[152]

Freiräume können aber auch beispielsweise im Rahmen der freien Zeiteinteilung gewährt werden, vorausgesetzt die betrieblichen Erfordernisse und Wünsche der Arbeitnehmer sind kompromissfähig. Wird einem Mitarbeiter eine flexible Arbeitszeitengestaltung zugestanden, kann er seine Tätigkeit mit seinem Privatleben zeitlich besser in Einklang bringen.[153]

5.2.3 Das Bedürfnis nach einer herausfordernden Tätigkeit

Viele Untersuchungen zeigen, dass Unterforderung am Arbeitsplatz ein weit verbreitetes Problem ist. Häufig liegt die Ursache nicht beim Mitarbeiter selbst, sondern bei seinem Vorgesetzten, der aus falsch verstandener Fürsorge nicht ausreichend Vertrauen in die Kompetenz seiner Mitarbeiter mitbringt. Hinzu kommt, dass die Mitarbeiter oft durch die vielen Rationalisierungsmaßnahmen mit zusätzlichen Aufgaben belastet werden, wodurch weniger die Komplexität, sondern eher die Menge der Aufgaben erhöht wird.

Um eine Entfaltung der intrinsischen Motivation zu fördern, sollten Führungskräfte anspruchsvolle Aufgaben delegieren, statt sie selbst anzugehen. Ein bezüglich der Aufgaben herausforderndes Anspruchsniveau und Vielfältigkeit begünstigen die Entwicklung einer intrinsischen Motivation.[154]

Mit Blick auf das Anspruchsniveau einer Tätigkeit ist das sogenannte Flow-Erlebnis zu erwähnen, welches 1975 durch Csikszentmihalyi begründet wurde. Csikszentmihalyi untersuchte die Folgen, eines vorhandenen, angemessen Anspruchsniveaus einer Tätigkeit. Dies bedeutet, dass das Herausforderungsniveau mit den Fähigkeiten des Mitarbeiters übereinstimmt. Komplementär wurde un-

---

[152] Vgl. Sprenger 2010, S. 229
[153] Vgl. Comelli et al. 2014, S. 138
[154] Vgl. Benedikt 2006, Online

tersucht was passiert, wenn das Anspruchsniveau der Tätigkeit nicht den Fähigkeiten des Mitarbeiters entspricht. Der Flow wird intensiv erlebt, wenn die Herausforderungen den Fähigkeiten optimal entsprechen. Verlaufen diese Kriterien nicht proportional, z.B. wenn die Herausforderungen zu groß sind, kann das zu Beunruhigung oder Stress führen.[155]

Außerdem besteht bei Mitarbeitern, die mit der Zeit keine erhöhte Kompetenz erlangen, kein dauerhaftes Interesse an der bestehenden Tätigkeit.[156]

5.2.4 Weitere Faktoren zur Steigerung der intrinsischen Motivation

Im Rahmen der Gallup Studien kamen die Autoren unter anderem zu folgenden Kriterien, die für eine erfolgreiche Mitarbeiterbindung- und Motivation notwendig sind:

- Die Mitarbeiter haben die Möglichkeit, die Wirkung ihrer Arbeit und der damit zusammenhängenden Erfüllung zu spüren
- Sie erkennen, dass sie Teil eines Systems sind
- Es wird Ihnen die Möglichkeit gegeben, sich zu verbessern und sich zu entwickeln.

Mithin hauptverantwortlich für die Erfüllung dieser Bedürfnisse sind die Führungskräfte.[157]

In einer in diesem Jahr veröffentlichten, bevölkerungsrepräsentativen Umfrage wurden die Faktoren: ein gutes Arbeitsverhältnis zu Kollegen und Vorgesetztem, flexible Arbeitszeiten sowie ein gutes Verhältnis zu den Kollegen über die Arbeit hinaus als die drei Top-Motivatoren genannt. Außerdem geben 78 Prozent der Befragten an, dass sie einen gut bezahlten Job, der sie langweilt und stresst, nicht ausüben möchten. 65 Prozent der Teilnehmer finden nette Kollegen und die Inhalte der Arbeit wichtiger als ein hohes Gehalt. Erstaunlich ist, dass immerhin 57% der Befragten angeben, sie würden nur aufgrund des Einkommens arbeiten.[158]

---

155 Vgl. Comelli et al. 2014, S. 140
156 Vgl. Michelis 2009, S. 77
157 Vgl. Nink 2014, S. 91
158 Vgl. ManpowerGroup Deutschland 2016, Online

In der bereits erwähnten Studie der HayGroup wurden die Teilnehmer unter anderem gefragt, was sie am ehesten zu einer Kündigung bewegen würde. 86 Prozent nennen als Grund ein schlechtes Arbeitsklima. 80 Prozent der Teilnehmer sehen einen Job ohne Spaß an der Arbeit als möglichen Kündigungsgrund. 71 Prozent der Befragten würden auch aufgrund einer schlechten Führungskraft kündigen, die sie nicht fördert und zudem noch unfair behandelt.[159]

5.3 Möglichkeiten und Instrumente zur Förderung der intrinsischen Motivation

5.3.1 Vielfältigkeit des Aufgabeninhaltes

Im Vorhinein muss klar sein, dass Menschen Aufgaben unterschiedlich bewerten, die Bedürfnisse unterscheiden sich in Art und Stärke. Manche Mitarbeiter empfinden bei bestimmten Aufgaben eine intrinsische Motivation, sie neigen dazu sich auf das gewählte Tätigkeitsfeld zu spezialisieren. Andere Mitarbeiter wiederum legen Wert auf ein vielfältiges Aufgabenspektrum. Da generell die Tendenz besteht, dass bei hochspezialisierten Aufgaben die intrinsische Motivation mit der Zeit nachlässt, versuchen manche Arbeitgeber diesem Phänomen beispielsweise mit arbeitserweiternden Maßnahmen entgegenzuwirken. Einige Instrumente zur Förderung der intrinsischen Motivation werden im Folgenden erläutert:

- Job Rotation: Mitarbeiter einer bestimmten Gruppe tauschen in zeitlich festgelegten Abständen ihre Arbeitsaufgaben untereinander. Damit soll dem Risiko einer Monotonie am Arbeitsplatz entgegengewirkt werden. Der Grad der Spezialisierung wird verringert, der Mitarbeiter erfährt ein breiteres Spektrum an verschiedenen Tätigkeiten, es werden verschiedene Fähigkeiten und Kenntnisse gefordert.[160] Außerdem bestehen mit Blick auf Arbeitsplatzwechsel und dem gewonnenen Überblickswissen Erkenntnisse, dass in Bezug auf die Entwicklung von technischem Wissen und Fähigkeiten ein positiver Zusammenhang mit der Einstellungsebene der Mitarbeiter besteht. Damit werden unter anderem die Arbeitszufriedenheit und die emotionale Bindung zum Arbeitgeber gefördert.[161]

---

[159] Vgl. HayGroup 2012, Online
[160] Vgl. Laux und Liermann 2005, S. 503
[161] Vgl. Teetz 2015, S. 35

- Job Enrichment: Die Aufgabengebiete werden in vertikaler und horizontaler Richtung erweitert. Beispielsweise kann dem Mitarbeiter durch eine vertikale Erweiterung mehr Freiraum gewährt werden, indem er seine Aufgaben zusätzlich selbst plant und steuert.[162] Durch eine Erweiterung des Entscheidungs- und Kontrollspielraums vermindert sich die Arbeitsteilung, oft wird die Motivation durch den zusätzlich gewährten Freiraum gesteigert.[163]

- Teilautonome Gruppen: Wie beim Job Enrichment auch, werden die Aufgabengebiete horizontal und vertikal erweitert. Die Gruppe bekommt einen bestimmten Teil an Aufgaben zugewiesen und ist für die Planung, Umsetzung, Steuerung und Kontrolle mitverantwortlich.[164]

5.3.2 Selbstführende Teams

Viele Menschen sehen ihre Berufstätigkeit als notwendiges Übel, ihren Lebensunterhalt zu bestreiten. Das Ausüben des Berufes wird eher desillusionierend als sinnvoll und sinnstiftend wahrgenommen.[165] Wie sollten Unternehmen organisiert sein, um Sinnhaftigkeit wieder in das Zentrum unseres Handelns zu rücken und um ein integraleres Bewusstsein zu schaffen? In klassischen Organisationsstrukturen erfahren unten in der Pyramide stehende Mitarbeiter oft ein Gefühl der Machtlosigkeit. Aufgrund der ungleichen Machtverteilung besteht ein Mangel an Motivation. Gibt es eine Möglichkeit die Organisation so zu gestalten, dass jedem Mitarbeiter Macht und Einfluss übertragen wird?[166]

Ein möglicher Ansatz liegt in der Bildung von selbstführenden Teams, bei denen es keinen Vorgesetzten gibt. Dem Team werden sämtliche Aufgabenbereiche zugesprochen, die zuvor von anderen Abteilungen übernommen worden waren, es trägt die gesamte Verantwortung für den Erfolg Ihrer Arbeitsergebnisse und genießt sehr hohe Entscheidungskompetenz sowie Handlungsfreiräume. Dies kann beispielsweise mit folgenden Maßnahmen erreicht werden: Das Team hat zu entscheiden, ...

---

162 Vgl. Laux und Liermann 2005, S. 503
163 Vgl. Maier 2016b, Online
164 Vgl. Laux und Liermann 2005, S. 503
165 Vgl. Laloux 2015, S. 3
166 Vgl. Laloux 2015, S. 60

- wann und wo Bürofläche benötigt wird
- ob die Einstellung neuer Mitarbeiter notwendig ist
- welche Mitarbeiter eingestellt werden
- wie die Urlaubszeiten eingeteilt werden
- mit welchen Organisationen sie zusammenarbeiten
- wann Meetings stattfinden
- zu welchen Zeiten gearbeitet wird
- über Fortbildungsmöglichkeiten der Mitarbeiter
- wie die eigene Leistung überwacht wird
- ob ein Eingreifen bei sinkender Produktivität notwendig ist[167]

In der Organisationsform der selbstführenden Teams gibt es nicht nur keinen
Vorgesetzten und wenig Unterstützungsfunktionen, sondern ebenso kein mittleres Management. Statt Kontrolle wird auf ein geteiltes Vertrauen gesetzt. Dem
Mitarbeiter wird ein Wohlwollen unterstellt, dass er das Richtige tut, was zu einer
reduzierten Notwendigkeit von Kontrollmechanismen und Regeln führt.[168] Besonders mit Blick auf die Compliance ist dieser Ansatz interessant. Zusammenfassend lässt sich sagen, dass im Sinne der Selbstführung unter anderem folgende
Maßnahmen veranlasst werden können:

- Die Teams organisieren sich selbst
- Die meisten Aufgaben ehemals bestehender Abteilungen werden vom Team
  übernommen
- Entscheidungsfindungen wird innerhalb der Gruppe durchgeführt
- Dem Team stehen alle Information des Unternehmens zur Verfügung
- In Sinne der Leistungsbeurteilung steht die Teamleistung im Vordergrund[169]
- Die Gehälter werden selbst festgelegt, es gibt geringe Gehaltsunterschiede.

---

[167] Vgl. Laloux 2015, S. 63
[168] Vgl. Laloux 2015, S. 80
[169] Vgl. Laloux 2015, S. 142

Durch das Einkommen sollen Mitarbeiter ihre Grundbedürfnisse erfüllen können. Anschließend ist es wichtiger, dass die Arbeit sinnstiftend orientiert wird. Evolutionär strukturierte Unternehmen gehen sogar soweit, dass die individuellen und gruppenbezogenen Anreize gänzlich verschwinden, es gibt ausschließlich unternehmensweite Boni, die in ihrer Höhe vom Erfolg des Unternehmens abhängen.[170]

5.3.3 Die Suche nach Ganzheit

5.3.3.1 Einordnung

In unserer heutigen Organisationskultur setzen Menschen eine Maske auf, wenn sie zur Arbeit gehen. Das Ich wird zurückgelassen, die Aspekte des Selbst werden kaum berücksichtigt. Aber weshalb ist das so? Die Ursache liegt in der Angst. Die Angst von Unternehmen, die Kontrolle über die Steuerung der Mitarbeiter zu verlieren und die Angst der Mitarbeiter, ihr Gesicht zu verlieren. Nur in unserer tiefsten Ebene sind wir alle miteinander verbunden und fühlen uns als Teil eines Ganzen. Im Folgenden werden einige Möglichkeiten dargestellt, die die Ganzheitlichkeit wieder in den Vordergrund stellen.[171]

5.3.3.2 Neueinstellung von Mitarbeitern

Schon vor der Einstellung neuer Mitarbeiter, während des Bewerbungsprozesses, fangen die Unwahrheiten auf Seiten des Bewerbers und des Unternehmens an. Beide versuchen sich in ein positives Licht zu rücken und orientieren sich dabei an den Erwartungen des Gegenübers. Die Maske wird aufgesetzt. Während bei klassischen Bewerbungsprozessen die Personalabteilung und ein Vorgesetzter der entsprechenden Abteilung teilnehmen, machen das in evolutionär geführten Unternehmen die Teams selbstständig. Sie sind im Endeffekt diejenigen, die zukünftig mit dem Mitarbeiter Zeit verbringen und mit ihm zusammenarbeiten. Das Team weiß besser, ob der potenzielle Bewerber ins Team passt, ob der Mitarbeiter sich im Sinne einer Selbstführung entfalten kann und welche Werte vertreten werden. Qualifikation sind zunächst weniger im Fokus des Gespräches, da motivierte Mitarbeiter Fähigkeiten in relativ kurzer Zeit erlernen können. Zudem ist die Aufgabenstellung flexibel gestaltet.[172]

---

[170] Vgl. Laloux 2015, S. 131-134
[171] Vgl. Laloux 2015, S. 144
[172] Vgl. Laloux 2015, S. 175

5.3.3.3 Freiheit in der Weiterbildung

Jeder Mitarbeiter trägt bezüglich seiner Weiterbildung selbst die Verantwortung dafür, wie er diese gestaltet. Es wird selbstständig bestimmt, ob die Kosten gerechtfertigt sind, ob und wann an einer Weiterbildung teilgenommen wird und bei welchem Anbieter die Weiterbildung in Anspruch genommen wird. Die Fortbildungen konzentrieren sich hauptsächlich auf die Schaffung einer gemeinsamen Kultur und auf Trainings, die die persönliche Entwicklung fördern.[173]

5.3.3.4 Feedback und Leistungsmanagement

In vielen Unternehmen wird Leistung als selbstverständlich wahrgenommen. Menschen hoffen auf eine Wertschätzung ihrer Arbeit, negative Feedbacks werden gefürchtet und dienen außerdem als Kontrollinstrument. Wie bereits erwähnt, sind die Teams für die Bewertung und Kontrolle selbst verantwortlich. Anstatt innerhalb eines negativen Feedbacks einen Menschen zu verurteilen, muss ein Raum für Achtsamkeit und Verständnis geschaffen werden. Dem Mitarbeiter wird geholfen, seine Leistung ehrlich zu betrachten. Dafür müssen wir uns auf eine Ebene der Verbundenheit und Fürsorge begeben. Je mehr wir das tun, desto höher ist die Chance, dass das Gegenüber dieses Verhalten akzeptiert, reflektiert und sich öffnet. Die Leistungsbeurteilung sollte nicht auf eine Art und Weise vollzogen werden, bei der die Arbeitsleistung nach bestimmten Kriterien wie beispielsweise mit Punkten bewertet wird. Wir müssen uns auf eine persönliche Ebene begeben, in der über Erfolge, Misserfolge, Schwierigkeiten und gute Momente gesprochen und erzählt wird. Die Lerneffekte hinter Misserfolgen und Schwierigkeiten sollen selbst erkundet werden.[174]

---

[173] Vgl. Laloux 2015, S. 180
[174] Vgl. Laloux 2015, S. 185-186

6 Fazit und Erkenntnisse

Anreizsysteme gewinnen in der heutigen Unternehmenswelt vor dem Hintergrund des damit verbundenen großen (volks-)wirtschaftlichen Potenzials, welches Unternehmen zunehmend erkennen, immer mehr an Bedeutung.

Der Effekt „echter" Motivation wurde bereits empirisch nachgewiesen und wird mittlerweile auch von der Wirtschaft als bedeutende wirtschaftliche Einflussgröße bewertet.

Aufgrund fehlender Identifikation und daraus resultierender „innerer Kündigung" bis hin zu hohen Fluktuationsquoten verlieren Unternehmen erheblich an Wettbewerbsfähigkeit und somit auch an Zukunftsfähigkeit.

Dadurch wird klar, welchen wesentlichen Einfluss Motivation und emotionale Bindung für den Unternehmenserfolg besitzen. Deshalb spielt die Ausgestaltung der Anreizsysteme eine bedeutende Rolle.

Der Sinn erfolgreicher Anreizsysteme besteht für mich darin, eine bestmögliche Motivation dauerhaft zu erzielen. Damit meine ich besonders Elemente zur Förderung intrinsischer Motivation durch die Befriedigung innerer Bedürfnisse wie etwa Selbstverwirklichung, Entfaltung der eigenen Persönlichkeit, Wertschätzung und Selbstachtung.

Schon Herzberg erkannte Ende der Fünfzigerjahre die Rolle weicher Faktoren und stellte fest, wie bedeutend diese für eine nachhaltige Entwicklung der Motivation sind. Für ihn spielen die Hygienefaktoren eine grundlegende Rolle bezüglich der sogenannten Nicht-Unzufriedenheit und bilden gleichzeitig den Grundstock für die Effektivität der motivationalen Komponenten.

Den Nutzen gelungener Anreizsysteme sehe ich insbesondere darin, gute Mitarbeiter zu gewinnen und solche längerfristig zu halten. Auf der Grundlage innerer Überzeugung und Identifikation können so für das Unternehmen und für die Mitarbeiter bestmögliche Ergebnisse erzielt werden. Gleichzeitig wird hiermit die Voraussetzung für nachhaltigen wirtschaftlichen Erfolg, wie auch für die Wettbewerbsfähigkeit des Unternehmens geschaffen.

Die Ausgestaltung erfolgreicher Anreizsysteme kann deshalb nur durch einen ganzheitlich gewählten Ansatz erfolgen, bei dem Selbstbestimmung, Handlungsfreiräume und die Entfaltung einer Sinnhaftigkeit im Vordergrund stehen.

Zudem müssen zukunftsorientierte Anreizsysteme wesentlich stärker den Erwartungen der Generation Y angepasst werden. So können z.B. selbstführende Teams in die Formulierung der Arbeitsinhalte als auch in die Auswahl neuer Mitarbeiter unmittelbar einbezogen werden.

Die erfolgreichen Unternehmen der Zukunft haben verstanden, ihre Mitarbeiter mit evolutionären Anreizsystemen durch die gezielte Berücksichtigung innerer Antriebe zu motivieren. Die Menschen sind das eigentliche Kapital und bilden die Grundlage für einen nachhaltigen Erfolg des Unternehmens.

Literaturverzeichnis

Buch (Monographie)

Albs, Norbert (2005): Wie man Mitarbeiter motiviert. Motivation und Motivationsförderung im Führungsalltag. Berlin: Cornelsen.

Alparslan, Adem (2006): Strukturalistische Prinzipal-Agent-Theorie. Eine Reformulierung der Hidden-Action-Modelle aus der Perspektive des Strukturalismus. Wiesbaden: DUV (SpringerLink: Bücher).

Auhagen, Ann Elisabeth (2003): Angewandte Sozialpsychologie. Das Praxishandbuch. Weinheim, Basel, Berlin: Beltz PVU.

Bea, Franz Xaver; Göbel, Elisabeth (2010): Organisation. Theorie und Gestaltung. 4., neu bearb. und erw. Aufl. Stuttgart: Lucius & Lucius (Grundwissen der Ökonomik: Betriebswirtschaftslehre, 2077).

Comelli, Gerhard; Rosenstiel, Lutz von; Nerdinger, Friedemann W. (2014): Führung durch Motivation. Mitarbeiter für die Ziele des Unternehmens gewinnen. 5., überarb. Aufl. München: Vahlen.

Dahlhaus, Caterina (2009): Investitions-Controlling in dezentralen Unternehmen. Anreizsysteme als Instrument zur Verhaltenssteuerung im Investitionsprozess. Wiesbaden: Gabler (SpringerLink : Bücher).

Fleig, Melanie (2006): Anreizsysteme zur Förderung von Innovationen im Unternehmen. Analysen zum Ideen- und Wissensmanagement. Zugl.: Hildesheim, Fachhochsch., Diplomarbeit, 2006. München, Ravensburg: GRIN-Verl. (Akademische Schriftenreihe).

Grewe, Alexander (2012): Implementierung neuer Anreizsysteme. Grundlagen Konzept und Gestaltungsempfehlungen. 4. aktualisierte Aufl. Mering: Rainer Hampp Verlag (Schriften zum Management).

Hacker, Winfried; Sachse, Pierre (2014): Allgemeine Arbeitspsychologie. Psychische Regulation von Tätigkeiten. 3., vollst. überarb. Aufl. Göttingen, Bern, Wien: Hogrefe.

Heckhausen, Jutta (2010): Motivation und Handeln. 4., überarb. und erw. Aufl. Berlin, Heidelberg: Springer (Springer-Lehrbuch).

Hentze, Joachim (2005): Personalführungslehre. Grundlagen Funktionen und Modelle der Führung. 4., neu bearb. Aufl. Bern, Stuttgart, Wien: Haupt (UTB, 1374: Betriebswirtschaft).

Herzberg, Philipp Yorck; Roth, Marcus (2014): Persönlichkeitspsychologie. Wiesbaden: Springer VS (SpringerLink: Bücher).

Hohlbaum, Anke; Olesch, Gunther (2008): Human Resources - modernes Personalwesen. 3. Aufl. Rinteln: Merkur (Das Kompendium).

Holzmann, Robert (2016): Betrug und Korruption im Experiment. Ansätze für ein evidenzbasiertes Compliance-Management. 2016. Wiesbaden: Springer Gabler (SpringerLink: Bücher).

Huber, Robert (2014): Nachhaltigkeitsorientierte Anreizsysteme. Eine empirische Analyse zu Gestaltung und Verhaltenswirkungen. Lohmar, Rheinl: Eul, J (Controlling, 22).

Hungenberg, Harald; Wulf, Torsten (2015): Grundlagen der Unternehmensführung. Einführung für Bachelorstudierende. 5. Aufl. 2015. aktual. Berlin, Heidelberg: Springer Gabler (SpringerLink: Bücher).

Jost, Peter-J. (2000): Organisation und Motivation. Eine ökonomisch-psychologische Einführung. Wiesbaden: Gabler (Lehrbuch Gabler).

Krieg, Alexander (2013): Modellbasierte Untersuchung der Effizienz von Anreizsystemen. Mering: Rainer Hampp Verlag.

Laloux, Frédéric (2015): Reinventing Organisations. Ein Leitfaden zur Gestaltung sinnstiftender Formen der Zusammenarbeit. München: Vahlen.

Landes, Miriam; Steiner, Eberhard (2013): Psychologie der Wirtschaft. Wiesbaden: Springer VS (SpringerLink: Bücher).

Laux, Helmut (2006): Unternehmensrechnung, Anreiz und Kontrolle. Die Messung Zurechnung und Steuerung des Erfolges als Grundprobleme der Betriebswirtschaftslehre. Dritte, vollständig überarbeitete Auflage. Berlin, Heidelberg: Springer Berlin Heidelberg (SpringerLink: Bücher).

Laux, Helmut; Liermann, Felix (2005): Grundlagen der Organisation. Die Steuerung von Entscheidungen als Grundproblem der Betriebswirtschaftslehre. Sechste Auflage. Berlin, Heidelberg: Springer Berlin Heidelberg (SpringerLink: Bücher).

Lindert, Klaus (2001): Anreizsysteme und Unternehmenssteuerung. Eine kritische Reflexion zur Funktion Wirksamkeit und Effizienz von Anreizsystemen. Zugl.: Braunschweig, Techn. Univ., Habil.-Schr., 2001. München, Mering: Hampp.

Lüken, Jan (2016): Innovationen und asymmetrische Besteuerung. Theoretische Analyse und empirische Untersuchung der Zusammenhänge in Europa. Wiesbaden: Springer Gabler (SpringerLink: Bücher).

Lüthy, Anja; Ehret, Tanja (2013): Krankenhäuser als attraktive Arbeitgeber. Mitarbeiterkultur erfolgreich entwickeln. Stuttgart: Kohlhammer.

Michelis, Daniel (2009): Interaktive Großbildschirme im öffentlichen Raum. Nutzungsmotive und Gestaltungsregeln. Wiesbaden: Gabler (Springer-Link: Bücher).

Müller, Marcus (2016): Leistungsanreize in der Transportlogistik. Entwicklung und Simulation aus Perspektive der Prinzipal-Agent-Theorie. Wiesbaden: Springer Vieweg (SpringerLink: Bücher).

Nink, Marco (2014): Engagement Index. Die neuesten Daten und Erkenntnisse aus 13 Jahren Gallup-Studie. München: REDLINE Verl.

Noé, Manfred (2013): Innovation 2.0. Unternehmenserfolg durch intelligentes und effizientes Innovieren. Wiesbaden: Springer Gabler (SpringerLink: Bücher).

Roiger, Manuela B. (2007): Gestaltung von Anreizsystemen und Unternehmensethik. Eine norm- und wertbezogene Analyse der normativen Principal-Agent-Theorie. Wiesbaden: DUV (SpringerLink: Bücher).

Rosenstiel, Lutz von (2015): Motivation im Betrieb. Mit Fallstudien aus der Praxis. 11. Aufl. 2010. Nachdruck 2015. Wiesbaden: Springer Gabler (SpringerLink: Bücher).

Rothermund, Klaus; Eder, Andreas B. (2011): Allgemeine Psychologie Motivation und Emotion. Wiesbaden: VS Verlag für Sozialwissenschaften (SpringerLink: Bücher).

Scherm, Ewald (2004): Controlling. Theorien und Konzeptionen. München: Vahlen (Controlling).

Schönbucher, Gerald (2010): Unternehmerische Orientierung und Unternehmenserfolg. Eine empirische Analyse. Wiesbaden: Gabler (SpringerLink: Bücher).

Sprenger, Reinhard K. (2010): Mythos Motivation. Wege aus einer Sackgasse. 19., aktualisierte und erw. Aufl. Frankfurt am Main: Campus.

Stebel, Peter (2007): Verhaltenssteuerung durch Anreize im Dienstleistungs-
controlling. Wiesbaden: Dt. Univ.-Verl. (Gabler-Edition Wissenschaft:
Quantitatives Controlling).

Teetz, Tim (2015): Beschäftigungsfähigkeit durch Job Rotation. Erste Ergebnisse der Evaluation eines Pilotprojekts für Produktionsmitarbeiter. Wiesbaden: Springer Gabler (SpringerLink: Bücher).

Tracht, Christian (2014): Arbeitsmotivation in Veränderungsprozessen. Quali-
tative Untersuchung unter Berücksichtigung des psychologischen Vertrages. Wiesbaden: Springer Gabler (SpringerLink: Bücher).

Weber, Thomas (2006): Anreizsysteme für die betriebliche Forschung und
Entwicklung. Wiesbaden: DUV (SpringerLink: Bücher).

Welker, Susanne A. (2012): Managementvergütung, Anreize und Kapital-
markterwartungen. Experimentelle Evidenz. Wiesbaden: Gabler Verlag
(SpringerLink: Bücher).

Wiedmann, Stefan (2006): Erfolgsfaktoren der Mitarbeiterführung. Interdiszip-
linäres Metamodell zur strukturierten Anwendung einsatzfähiger Füh-
rungsinstrumente. Wiesbaden: DUV (SpringerLink: Bücher).

Winkler, Christoph (2013): Entwicklungsgespräche und Anreizsysteme für
schwedische Lehrkräfte. Instrumente des schulischen Personalmanage-
ments vor dem Hintergrund des neuen Steuerungsmodells. Wiesbaden:
Springer VS (SpringerLink: Bücher).

Wolf, Enno E. (2007): Konzeption eines CRM-Anreizsystems. Konzeption eines
Anreizsystems zur Unterstützung einer erfolgreichen Implementierung
von Customer Relationship Management. 2. Aufl. München, Mering:
Hampp (Hamburger Schriften zur Marketingforschung, 19).

Wollscheid, David (2013): Gestaltung zielkonsistenter Anreizsysteme für ris-
kante Investitionen. Wiesbaden: Springer Gabler (SpringerLink: Bücher).

Zaunmüller, Hannah (2005): Anreizsysteme für das Wissensmanagement in
KMU. Gestaltung von Anreizsystemen für die Wissensbereitstellung der
Mitarbeiter. Wiesbaden: Deutscher Universitätsverlag (SpringerLink : Bü-
cher).

Buch (Sammelwerk)

Benedikt, Hans-Peter (Hg.) (2006): Personalmanagement in der Vertriebsspar-
kasse. Möglichkeiten und Grenzen der Förderung intrinsischer Motivation
bei Mitarbeitern. 2., neu bearb. Aufl. Stuttgart: Dt. Sparkassenverl. (Forum:
Personalmanagement). S.221-226.

Graue Literatur / Bericht / Report

Mistele, Peter; Kripal, Simone (2006): Mitarbeiterengagement und Zielorientie-
rung als Erfolgsfaktoren. Ergebnisse einer empirischen Studie in Hochleis-
tungssystemen. Hg. v. Lehrstuhl Personal und Führung. Technische Uni-
versität Chemnitz.

Motzkuhn, Moritz; Lueg, Lara; Frentrup, Alena; Wieding, Maximilian von
(2014): Anreizsysteme. Hg. v. Richard Merk und Bernd Seel. Fachhoch-
schule des Mittelstandes (FHM). Online verfügbar unter: http://www.fh-
mittelstand.de/fileadmin/pdf/Schriftenreihe/Heft_2-_Anreizsysteme.pdf

Deutsche Bank (2016): Geschäftsbericht 2015. Deutsche Bank. Online verfügbar unter https://geschaeftsbericht.deutsche-
bank.de/2015/gb/serviceseiten/willkommen.html, zuletzt geprüft am
05.08.2016.

Hochschulschrift

Brose, Marcus (2006): Entwicklungsflexible Anreizsysteme für junge Unter-
nehmungen. Konzept Empirische Untersuchung Gestaltungshinweise.
Zugl.: Hannover, Univ., Diss., 2006.

Rödl, Karin (2006): Auswirkungen von Unternehmenskultur und Unternehmenszielen auf die Gestaltung von Anreizsystemen. Theoretische Grundlagen und empirische Erkenntnisse. Zugl.: Eichstätt, Ingolstadt, Univ.,
Diss., 2006.

Seng, Tobias (2003): Anreizsysteme und Unternehmenserfolg in Wachstums-
unternehmen. Ökonomische Analyse und empirische Befunde. Zugl.: Wit-
ten/Herdecke, Univ., Diss., 2003.

Internetdokument

Bartscher, Thomas: Definition Anreizsysteme. Hg. v. Springer Gabler Wirtschaftslexikon. Online verfügbar unter http://wirtschaftslexikon.gabler.de/Archiv/86139/anreizsystem-v8.html, zuletzt geprüft am 20.07.2016.

Bund, Kerstin (2014): Wir sind jung…und brauchen das Glück: Wie die Generation Y die Berufswelt verändert und warum wir alle von diesem Wandel profitieren. Generation Y. Hg. v. academics.de. Die Zeit. Online verfügbar unter https://www.academics.de/wissenschaft/wir_sind_jung_57041.html, zuletzt aktualisiert am 26.08.2016, zuletzt geprüft am 26.08.2016.

David, Susan (2013): Wie Sie richtig motivieren. Hg. v. Harvard Business Manager. Online verfügbar unter http://www.harvardbusinessmanager.de/blogs/wie-sie-die-motivation-ihrer-mitarbeiter-steigern-a-913025.html, zuletzt geprüft am 22.08.2016.

Germis, Carsten (2015): Wusste Winterkorn doch schon früher Bescheid? Abgasskandal. Hg. v. Frankfurter Allgemeine Zeitung. Online verfügbar unter http://www.faz.net/aktuell/wirtschaft/vw-abgasskandal/wusste-martin-winterkorn-schon-frueh-vom-vw-abgasskandal-13870505.html, zuletzt geprüft am 26.08.2016.

HayGroup (2012): Mitarbeiter sind käuflich, ihre Motivation nicht. Ergebnisse einer aktuellen Studie zur Arbeitsmotivation. Hg. v. HayGroup. Online verfügbar unter http://www.haygroup.com/downloads/de/Mitarbeiter_sind_kauflich_Ihre_Motivation_nicht.pdf, zuletzt geprüft am 21.08.2016.

Kerkmann, Christof (2016): Motivierte Mitarbeiter, mehr Gewinn? Hg. v. Handelsblatt. Online verfügbar unter http://www.handelsblatt.com/unternehmen/it-medien/sap-legt-jahresbericht-vor-motivierte-mitarbeiter-mehr-gewinn/13367134.html, zuletzt geprüft am 19.08.2016.

Littmann, Saskia (2015): Banken-Stresstest. Handlungsbedarf bei deutschen Banken. Hg. v. Wirtschaftswoche. Online verfügbar unter http://www.wiwo.de/unternehmen/banken/banken-stresstest-handlungsbedarf-bei-deutschen-banken/13949104.html, zuletzt aktualisiert am 25.08.2016, zuletzt geprüft am 25.08.2016.

Maier, Günther (2016a): Extrinsische Motivation. Hg. v. Springer Gabler Wirtschaftslexikon. Online verfügbar unter http://wirtschaftslexikon.gabler.de/Definition/extrinsische-motivation.html, zuletzt geprüft am 15.08.2016.

Maier, Günther (2016b): Jobenrichment. Hg. v. Springer Gabler Wirtschaftslexikon. Online verfügbar unter http://wirtschaftslexikon.gabler.de/Definition/jobenrichment.html, zuletzt geprüft am 24.08.2016.

ManpowerGroup Deutschland (2016): Bevölkerungbefragung Arbeitsmotivation 2016. Unter Mitarbeit von Stefan Rathgeber. Hg. v. ManpowerGroup Deutschland. Online verfügbar unter https://www.manpower.de/neuigkeiten/studien-und-research/studie-arbeitsmotivation/, zuletzt geprüft am 23.08.2016.

Meck, Georg (2015): Boni für Manager. Bosch-Chef: "Geld kann demotivierend wirken". Hg. v. Frankfurter Allgemeine Zeitung. Online verfügbar unter http://www.faz.net/aktuell/wirtschaft/bosch-chef-volkmar-denner-schafft-boni-ab-13812475.html, zuletzt geprüft am 24.08.2016.

Müller, Anja (2009): Welche Schuld die Boni an der Finanzkrise tragen. Hg. v. Handelsblatt. Online verfügbar unter http://www.handelsblatt.com/politik/konjunktur/oekonomie/wissensw ert/wissenswert-welche-schuld-die-boni-an-der-finanzkrise-tragen-seite-2/3329036-2.html, zuletzt geprüft am 17.08.2016.

Oracle Corporation (2015): Oracle Simply Talent: Einblicke aus westeuropäischer Perspektive. Mitarbeiterengagement - Mehr Verantwortung für das Personalwesen September 2015. Hg. v. Oracle Corporation. Online verfügbar unter https://www.oracle.com/de/applications/human-capital-management/simplytalent/index.html, zuletzt geprüft am 22.08.2016.

Sasse, Robert (2016): Deutsche Bank: Das hat tief nach unten gezogen. Hg. v. Finanztreff. Online verfügbar unter http://www.finanztreff.de/news/deutsche-bank-das-hat-tief-nach-unten-gezogen/11454183, zuletzt aktualisiert am 05.08.2016, zuletzt geprüft am 26.08.2016.

Pressemitteilung

GALLUP Engagement Index 2015 (16.03.2016): Mitarbeitergespräche verfehlen häufig ihr Ziel. Beratungsunternehmen Gallup veröffentlicht Engagement Index 2015. Berlin. Donau, Kai, info@gallup.de. Online verfügbar unter http://www.gallup.de/file/190031/Pressemitteilung%20zum%20Gallup%20Engagement%20Index%202015%20for%20download.pdf.

Zeitschriftenaufsatz

Hauser, Frank; Schubert, Andreas; Aicher, Mona (2005): Unternehmenskultur, Arbeitsqualität und Mitarbeiterengagement in den Unternehmen in Deutschland. Abschlussbericht Forschungsprojekt Nr. 18/05, Bundesministerium für Arbeit und Soziales (18/05), Online verfügbar unter: http://www.bmas.de/SharedDocs/Downloads/DE/PDF-Publikationen/forschungsbericht-f371.pdf?__blob=publicationFile, zuletzt geprüft am 22.08.2016. S. 48 und S. 118 – 125.

Krill, Malte (2011): Mitarbeiterbindung als Umkehrung von Fluktuation. Implikationen der Fluktuationsdeterminantenforschung. In: *Z Manag* 6 (4), S. 401–425. DOI: 10.1007/s12354-011-0153-1. S.402

Kunz, Jennifer (2011): Der Einfluss von Anreizsystemen auf die intrinsische Motivation. In: *Zeitschrift für Personalforschung* (1), S. 2 und S. 5

Sebald, Herriet; Denison, Kartin; Enneking, Andreas; Richter, Thorsten (2008): Towers Perrin Global Workforce Study 2007 - 2008. Was Mitarbeiter bewegt zum Unternehmenserfolg beizutragen - Mythos und Realität. In: *Towers Perrin*. Online verfügbar unter https://www.dgfp.de/wissen/personalwissen-direkt/dokument/81894/herunterladen, zuletzt geprüft am 20.08.2016. S.4